MÉMOIRE JUSTIFICATIF

POUR

LES ADMINISTRATEURS DES MESSAGERIES GÉNÉRALES

Laffitte, Caillard et Cie;

CONTRE

LA COMPAGNIE DES MESSAGERIES FRANÇAISES

Lefer, Gaillard, Pénicaut et Cie.

PARIS,

IMPRIMERIE ADMINISTRATIVE DE PAUL DUPONT ET Cie,
RUE DE GRENELLE-SAINT-HONORÉ, 55.

1839.

A NOS JUGES.

Un jugement du tribunal correctionnel de la Seine nous a condamnés comme coupables du délit de coalition.

Selon ce jugement, en rompant le traité qui a existé pendant plusieurs années entre nous et les Messageries royales, nous n'aurions fait que jouer une indigne comédie pour tromper le public, la justice, et nos conseils eux-mêmes.

Les personnes qui ne connaissent pas la cause se figureront probablement que ce n'est que sur des preuves convaincantes que l'on a pu flétrir ainsi des hommes dont les antécédens, la situation sociale et le caractère personnel contrastent avec l'idée d'une telle déloyauté.

Eh bien ! qu'elles lisent cet écrit; qu'elles le lisent attentivement et sans prévention ; qu'elles pèsent avec scrupule les considérans du jugement ; qu'elles les comparent surtout à ces éclatantes réparations que nous avons reçues du tribunal de Périgueux, du tribunal d'appel de Saint-Omer, et encore tout récemment, du tribunal d'appel d'Angoulême, et elles seront convaincues que la sévérité des magistrats de Paris est dénuée, non seulement de motifs, mais même de prétextes.

Dans une affaire où il s'agit de notre honneur, nous devons nous adresser sans intermédiaires à nos juges. Nous leur parlerons le langage simple et vrai d'une conscience sans reproche. Par respect pour eux et pour nous-mêmes, nous nous renfermerons dans les bornes de la modération autant que le permet notre délicatesse blessée.

Nos conseils ont traité, dans une consultation, la question de droit que présente ce procès. Ils ont établi que l'art. 419 du Code pénal ne s'applique qu'aux marchandises, et que, par conséquent, lors même que nous aurions ourdi la coalition que l'on nous impute, la condamnation prononcée contre nous manquerait de base légale.

Maintenant nous avons à discuter l'affaire sous un autre point de vue : nous prouverons que cette coalition, qui, en supposant qu'elle existât, ne rentrerait pas dans les prévisions de la loi pénale, est une pure chimère, créée par nos adversaires pour le besoin d'une situation critique.

Nous nous hâtons d'entrer en matière et d'exposer les FAITS.

FAITS.

Jusqu'à 1827, la Compagnie des Messageries royales a joui d'une énorme prépondérance. Elle avait toutefois pour rivales, diverses entreprises qui prospéraient à côté d'elle. A l'époque que nous venons de signaler, les chefs des plus importantes de ces entreprises se réunirent et constituèrent la société des Messageries générales. Elles s'adressèrent à la maison Jacques Laffitte, et, au moyen de son concours, elles se fondèrent avec un capital de *six millions*.

Cependant il ne faut pas croire qu'une entreprise montée sur une échelle aussi vaste que la nôtre eût pu se soutenir, si elle avait été entièrement nouvelle; aussi ne l'était-elle pas. Elle succédait à trois grands établissemens qui desservaient journellement environ 2200 lieues de parcours. Elle avait traité avec ces établissemens, qui s'étaient fondus dans son sein et qui lui avaient apporté leur clientèle et leurs correspondances. CE N'EST QU'A CES CONDITIONS QU'UNE ENTREPRISE GÉNÉRALE PEUT SE FORMER.

Il nous restait à monter nos services sur une étendue de route au moins aussi considérable que celle qui était occupée par les établissemens dont nous étions devenus cessionnaires ; car nous devions justifier notre titre de *Messageries générales*.

Si nous avions soudainement établi sur ces routes un nombre de services égal à celui de la Compagnie Royale, il en serait résulté une perturbation inévitable et ruineuse.

La Compagnie Royale comprit cette situation.

Nous lui proposâmes un traité qui prévenait la concurrence, ou, si l'on veut, la restreignait dans de très étroites limites.

Elle l'accepta.

Cette convention fut signée le DOUZE JUIN MIL HUIT CENT VINGT-SEPT.

Elle obviait à tout ce qui aurait pu amener la ruine des deux entreprises, sans utilité réelle pour le public.

Disons quelques mots des principales clauses de ce traité.

La Compagnie Royale reconnut que trois routes ne pouvaient comporter l'établissement de nouveaux services égaux aux siens. En conséquence, sur ces routes, elle partagea ses services avec nous. Elle nous céda un service entier et deux demi-services. Cette cession fut-elle gratuite? Non, nous l'achetâmes 76,500 fr. (sans voitures bien entendu; la Compagnie Royale ne nous vendait que sa retraite.)

Comme nous ne voulions ni ne pouvions nous développer tout à coup sur les autres routes, on escompta, pour ainsi dire, la progression du goût des voyages dont l'accroissement graduel se faisait sentir ; et on posa en principe que nos services pourraient se placer à côté de ceux des Messageries royales.

Après avoir établi comme règle fondamentale l'égalité des services entre les deux Compagnies, on convint qu'il y aurait aussi égalité dans les prix ; et, ce qu'il faut remarquer, c'est que l'accord des deux Compagnies sur ce point ne devint pas une cause d'augmentation : on se borna à maintenir les tarifs existans.

Enfin il fut convenu que l'on se partagerait les correspondances ; et en effet ce partage s'effectua sur la plupart des routes. Il y en eut cependant quelques unes sur lesquelles les deux Compagnies conservèrent des correspondances séparées.

Telle est l'économie du traité de 1827.

Voyons maintenant quelle en a été l'exécution.

La Compagnie Générale se développa successivement. Elle usa de la part égale qui lui était accordée; mais, fidèle aux maximes de prudence et d'équité qu'elle s'était faites, voici comment elle procéda :

Toutes les fois qu'elle devait monter un nouveau service à côté des Messageries royales, elle commençait par traiter avec les entreprises particulières qui desservaient la route en tout ou en partie; et elle devenait cessionnaire de leur établissement et de leur clientèle. Veut-on savoir à quelle somme se sont élevées les diverses acquisitions de services faites ainsi par les Messageries générales? A UN MILLION SIX CENT MILLE FRANCS environ.

Malgré tant de sacrifices, l'établissement, sur certaines routes (1), de services journaliers présentait encore un excès funeste aux deux Compagnies. Elles le reconnurent, et elles réduisirent ces services à moitié. Cette réduction était indispensable; car, en dix-huit mois, nous avions perdu, sur ces routes, des sommes considérables (2); et cependant le prix des places était *à l'état normal.* Tel est l'effet de la SUPERFLUITÉ DES SERVICES, à moins que l'on n'ait recours à UNE BAISSE DE PRIX pour augmenter LE NOMBRE DES VOYAGEURS.

Telles ont été l'origine et les suites du traité de 1827, qui n'a jamais eu le caractère d'un pacte hostile contre les tiers, et qui n'était rien autre chose qu'une *convention de non concurrence.*

L'exécution même de cet arrangement en atteste la moralité; car on voit les deux Compagnies uniquement occupées d'éviter les actes par lesquels elles auraient pu se nuire mutuellement; et à l'égard

---

(1) Celles de Rennes, de Dijon, de Clermont et de Toulouse.
(2)   56,398 fr. 80 c. sur Clermont.
    170,384   »   sur Dijon.
     54,460   »   sur Rennes.
     88,301   »   sur Toulouse.

Total. 279,543 fr. 80 c.

des tiers, on voit la Compagnie Laffitte tellement animée du désir
d'éviter toute perturbation, qu'elle n'hésite pas à s'imposer un sacrifice de 1,600,000 fr., pour acheter leurs services.

Après les crises politiques de 1830 et 1831 et l'épidémie de 1832, le
mouvement sur les routes prit de l'accroissement : l'année 1833 fut
même très productive; les années postérieures l'ont été beaucoup
moins.

En 1834, un grave dissentiment éclata entre les deux Compagnies.
La Compagnie Royale croyait à un mouvement toujours ascendant
des recettes (espérance qui, ainsi que nous venons de le dire, est loin
de s'être réalisée); elle conçut le désir de rompre le traité du 12 *juin*
1827, qui ne devait expirer que le 31 *décembre* 1840. Elle considé-
rait ce traité comme un obstacle aux développemens que son ima-
gination entrevoyait. Elle prit pour prétexte, d'une part, les prétendus
vices dont elle soutint que ce traité était entaché, et de l'autre son
inexécution. Mais ces prétentions furent rejetées par trois honorables
arbitres auxquels la contestation fut soumise, en vertu d'une
clause compromissoire du traité. MM. Pardessus, de Vatimesnil et
Horson jugèrent que ce traité n'était entaché d'aucune nullité; que
les parties n'avaient abusé envers qui que ce fût de la convention qui
réglait leur rapports; et que le principe unique et constitutif de ce
traité de non-concurrence avait été constamment et loyalement ap-
pliqué. Enfin, ce fut à raison de la moralité de cet acte et de la manière irréprochable dont il avait été exécuté que *la sentence déclara
qu'il devait être maintenu.*

Deux ans se passèrent ainsi.

Les dispositions étaient restées les mêmes, c'est-à-dire que la Compagnie Royale désirait trouver une occasion de rompre le traité, et
que nous avions, au contraire, l'intention de le maintenir.

En 1836, survint le procès Guérin dont nous parlerons en peu de
mots, parce qu'il est très connu.

M. Guérin, entrepreneur de messageries sur la ligne d'Amiens à
Boulogne, intenta contre les Messageries royales et les Messageries

générales des poursuites correctionnelles. Il prétendit que ces deux entreprises s'étaient coalisées pour anéantir son industrie.

Dans son assignation, M. Guérin articula les faits comme il le voulut.

Devant le tribunal de première instance, il n'avait été question que d'un moyen d'incompétence, *ratione loci.* Devant la Cour Royale d'Amiens, nous soutînmes, en outre, que la juridiction correctionnelle était incompétente, à raison de la matière, parce que, même en admettant que les allégations de M. Guérin fussent aussi vraies qu'elles étaient dénuées de fondement, les faits ne tombaient pas sous l'application de l'article 419 du Code pénal, cet article ne concernant que la vente des marchandises ou denrées ; mais, par arrêt du 4 juillet 1836, la Cour Royale rejeta nos moyens d'incompétence, et se déclara valablement saisie. Les deux entreprises inculpées s'étant pourvues en cassation, M. l'avocat-général Parant conclut à la cassation. Le 19 octobre, intervint *un arrêt de partage.* Cinq nouveaux conseillers ayant été appelés pour vider le partage, le pourvoi fut rejeté par arrêt du 9 décembre 1836. Un arrangement fut ensuite conclu entre les deux entreprises inculpées et M. Guérin, en sorte que le fond du procès ne fut pas jugé. Les décisions rendues dans cette affaire n'ont donc aucune autorité relativement à la question de fait, c'est-à-dire relativement à celle de savoir si la coalition imputée aux deux Compagnies est réelle ou chimérique. Remarquons d'ailleurs en passant que, lors même que l'existence de la coalition aurait été reconnue dans cette cause (ce qui, nous le répétons, n'a pas eu lieu), le jugement rendu sur ce point serait sans influence dans l'affaire actuelle, puisqu'un événement décisif, qui s'est accompli depuis cette époque, établit une complète SOLUTION DE CONTINUITÉ ENTRE LE PASSÉ ET LE PRÉSENT.

Cet événement, c'est la résiliation de la convention du 12 juin 1827.

Comment cette résiliation a-t-elle été amenée? de la manière la plus simple, la plus naturelle et la moins suspecte ; on va en juger.

A peine l'arrêt du 9 décembre 1836 fut-il rendu, que nous réunîmes nos conseils, pour les inviter à nous tracer la conduite que nous avions à suivre. Ils nous dirent : « Le traité de 1827 n'a rien en lui-« même de répréhensible ; mais il est susceptible de devenir la base « de nombreux et ruineux procès. S'il subsiste, il n'en faut pas douter, « tous vos concurrens imiteront l'exemple du sieur Guérin. La dialec-« tique interprétative, si fort en usage aujourd'hui, s'emparera des « faits les plus indifférens ; elle les présentera sous de fausses couleurs ; « elle les rattachera infailliblement à votre traité, et vous serez en « butte à des attaques incessantes sur tous les points de votre exploi-« tation.

« En 1834, lorsque la Compagnie Royale demanda la rupture, « vous deviez résister à une pareille tentative ; car elle se fondait « sur des griefs injustes qu'il fallait repousser. Mais aujourd'hui c'est « seulement au nom de l'arrêt que la Cour de Cassation vient de rendre, « que la convention du 12 juin 1827 s'anéantirait, et cette rupture « doit être réclamée. »

La prudence et la loyauté se réunissaient en faveur de cet avis : nous n'avons pas dû hésiter un instant à le suivre ; et, le 15 décembre 1836 (six jours après l'arrêt de la Cour de Cassation) (1), les administrateurs des Messageries royales et nous, avons signé l'acte de résiliation du traité de 1827.

Il est ainsi conçu :

« Entre les soussignés :
« Pierre-Jules Soufflot, Jean-Baptiste-Edme-Armand de Nanteuil, « François-Joseph-Casimir Musnier, François Touchard fils, Louis-« Edmond Besson, administrateurs de l'exploitation générale des

---

(1) M. l'avocat du roi, en première instance, s'étonnait de ce que nous nous étions décidés en six jours à rompre le traité de 1827. — Il est clair que, dans la circonstance où nous nous trouvions, il suffisait, non pas de quelques jours, mais de quelques heures, pour prendre ce parti.

« Messageries royales dont le siége est à Paris, rue Notre-Dame-des-
« Victoires, stipulant au nom de ladite société anonyme,

    « D'une part;

    « Et MM. Jean-Baptiste Laffitte, Marc Caillard, Henry Bourlon,
« Claude Arnoux, Ed. Caillard, François Oudet et Chauchat, admi-
« nistrateurs des Messageries générales de France établies à Paris,
« rue Saint-Honoré, 130, sous la raison Laffitte, Caillard et Ce, sti-
« pulant aussi au nom de ladite société,

    « D'autre part ;

    « A été exposé ce qui suit :

    « La Compagnie des Messageries royales et la Compagnie des Mes-
« sageries générales , dans la vue de neutraliser entre elles la con-
« currence destructive à laquelle les établissemens de cette nature
« semblent plus particulièrement exposés, ont fait, à la date du 12 juin
« 1827, un traité dont l'objet a été d'établir *l'égalité* dans les prix
« et les moyens de transport sur chacune des routes qu'elles exploi-
« tent. Ce traité a été suivi d'un second traité du 1er juin 1829, et
« d'autres conventions corrélatives formées par correspondance ou
« autrement.

    « En agissant ainsi, ces deux entreprises avaient la conviction que
« non seulement elles ne violaient pas les lois du pays, mais qu'elles
« arrêtaient les effets d'une concurrence non moins dommageable
« pour le public que pour les établissemens qui s'y livrent.

    « Un arrêt de Cassation rendu le 9 novembre 1836, après partage,
« a révélé aux Messageries que la légalité de leurs conventions pou-
« vait être contestée, et qu'il ne serait pas impossible, en assimilant
« à la marchandise la matière de leur industrie, de les exposer à l'ac-
« tion du Code pénal. »

    « Les administrateurs des deux Compagnies ont consulté Mes Hor-
« son, Crémieux, Piet et Delangle, avocats à la Cour Royale de Paris
« et à la Cour de Cassation, sur le parti qu'il fallait prendre dans
« cette circonstance, et il a été unanimement reconnu que quel-

(9)

« que pures qu'avaient été les intentions dont les traités ci-dessus
« indiqués sont le résultat, quelque nécessité que puisse éprouver
« le commerce de conventions de ce genre , il ne pouvait convenir
« aux entreprises et à leurs administrateurs de conserver des stipu-
« lations qui, en présence de l'arrêt rendu par la première Cour de
« justice du Royaume, pourraient être mal interprétées, et qu'il fal-
« lait, quelque dommage qu'ils en pussent ressentir, et le public avec
« eux, les résilier immédiatement.

« En conséquence et de l'avis de Mes Horson, Crémieux, Piet et
« Delangle, les deux Compagnies ont arrêté ce qui suit :

« La convention intervenue entre les deux Compagnies, le 12 juin
« 1827, le traité additionnel du 1er juin 1829, et toutes les autres sti-
« pulations formées par correspondance ou autrement, ayant aussi
« pour objet de lier les Compagnies l'une envers l'autre, à l'effet d'é-
« tablir entre elles l'uniformité des prix de transport et des services
« de messageries, demeurent purement et simplement résiliés , cha-
« que Compagnie restant désormais libre d'agir à cet égard comme
« bon lui semblera.

« Fait double, à Paris, le quinze décembre mil huit cent trente-six,
« en présence de Mes Horson, Crémieux, Piet et Delangle, conseils
« des parties, qui ont signé avec elles la présente convention.

Les administrateurs des Messa- geries royales.	*Les administrateurs des Messa- geries générales.*
P. S. SOUFFLOT, J. B. E. Amand de NANTEUIL, J. C. LECONTE, A. RE-VENAZ, E. V. MUSNIER , F. TOU-CHARD fils, L. E. BESSON.	J. B. LAFFITTE , Marc CAILLARD, BOURLON, Cl. ARNOUX , Edouard CAILLARD, Erat OUDET, CHAUCHAT.

Les conseils :

Mes HORSON, DELANGLE ,
PIET, CRÉMIEUX. (*Pièce justificative n° 1.*)

Voilà cet acte dans lequel le tribunal de première instance n'a

2

voulu voir qu'une déception, quoiqu'il porte en lui-même la preuve
éclatante de tous les faits que nous venons d'exposer, puisqu'il établit que, dans notre anxiété, nous nous en sommes remis à la sagesse
de nos conseils dont nous n'avons fait que suivre la direction, et
que tout ce qu'il contient à cet égard est certifié par quatre signa-
tures qui éloignent jusqu'à l'ombre même d'un soupçon.

Si cette résiliation n'eût été qu'un jeu, les choses seraient restées
dans l'état où elles étaient auparavant, les relations des deux Compagnies n'auraient pas changé.

Or, nous démontrerons, au contraire, dans la discussion que, à
dater de l'acte de résiliation, la situation respective des deux so-
ciétés est devenue tout autre qu'elle n'était antérieurement à cet
acte; que leur conduite a été celle de deux entreprises rivales;
qu'elles ont agi d'une manière non seulement indépendante, mais
souvent hostile; qu'enfin, elles ont considéré les divers liens qu'a-
vait établis le traité de 1827, comme entièrement rompus; en sorte
qu'il n'est resté absolument rien de ce traité, et que, dans la réalité
et l'exécution, il a été aboli d'une manière aussi complète et aussi
radicale qu'il l'a été sur le papier.

Tous les faits que nous venons d'exposer étaient accomplis avant
que la Compagnie Française fît son apparition sur les routes; car le
premier départ des voitures de cette compagnie est du 30
avril 1837.

Voyons sous quels auspices cette compagnie s'est formée.

Dans ce siècle de spéculations, on exploite tout, même les choses
les plus dignes de respect, même la jurisprudence. N'en doutons
pas : les décisions relatives à l'application de l'article 419 sont deve-
nues pour les gens habiles l'une des bases de certaines combinaisons
industrielles. On fonde un vaste établissement de messagerie, sans
avoir l'expérience nécessaire pour le bien diriger, sans être pourvu
des capitaux indispensables pour le soutenir, et sans avoir examiné
si les besoins du commerce et de la circulation réclament cette addi-
tion subite aux moyens de transports existans. On emploie toutes
les ressources du charlatanisme pour attirer des fonds dans cette en-

treprise ; on promet aux actionnaires des bénéfices immenses ; on offre un intérêt aux relayeurs ; on annonce que l'on est en possession de quelque merveilleux *arcane*, qui doit préserver cet établissement de toute perte et le mettre en état de braver la baisse des prix de transports quelque excessive qu'elle puisse être ; puis enfin, si la fortune ne sourit pas à ce projet téméraire, on arrive au dénouement de ce petit drame industriel ; et ce dénouement, c'est un procès en coalition contre les entreprises préexistantes. Les pertes de leur rivale doivent tomber à leur charge ; il faut qu'elles réparent le mal qu'elle s'est fait à elle-même par son imprévoyance et son impéritie. Ainsi les établissemens actuels sont les assureurs forcés de tout établissement nouveau ; après avoir supporté pendant sa durée le dommage que leur a causé sa concurrence, il faut encore, au moment où sa chute devient imminente qu'ils réparent les pertes qu'il a subies.

Est-ce là l'esquisse fidèle des circonstances que présente la naissance et la vie de la société des Messageries françaises ?

On va en juger :

Dans un premier prospectus, les fondateurs de cette société avaient déclaré hautement que *le système de participation* avec les relayeurs, d'après lequel elle agissait, lui donnait *le moyen de résister à toute concurrence*.

Dans un second prospectus ils ont développé cette pensée d'une manière vraiment curieuse :

« La société des Messageries françaises est basée sur le système de « participation dont la puissance a été si heureusement *exploitée par* « *l'industrieuse Angleterre*. Mais jusqu'ici l'application de ce grand « principe n'avait eu lieu en France que d'une manière restreinte et « incomplète ; dans les nombreuses entreprises que nous avons vues se « former, les actionnaires seuls sont intéressés, tandis que ceux qui « concourent d'une manière plus immédiate au succès d'une affaire, « n'ont aucun intérêt à sa prospérité. Aujourd'hui la nouvelle so- « ciété *appelle à partager ses bénéfices, les maîtres de poste et re-* « *layeurs qui, par leur concours, donnent à cette entreprise des avan-*

« *tages que n'ont pas,* QUE NE PEUVENT AVOIR *les compagnies établies*
« *sur des bases différentes.*

« *Les frais de relais qui constituent la plus grande dépense en mes-*
« *sageries, et qui seuls peuvent être évalués à près des deux tiers de*
« *toutes les autres, ne sont point, comme on l'a fait jusqu'ici, payés*
« *par nous à* PRIX FERME. La Compagnie a traité avec les maîtres de
« poste et relayeurs, et leur donne en paiement des relais qu'ils
« fournissent, une *part proportionnelle dans les produits de l'entre-*
« *prise.* Une GRANDE *baisse dans les prix,* QUELQUE FORTE
« QU'ON PUISSE L'IMAGINER, ne peut ainsi jamais compromettre
« l'existence de la société. La perte qui pourrait en résulter se divisant
« à l'infini, la part que chacun aurait à supporter devient extrême-
« ment minime, et, pour *qu'il fût possible d'absorber de cette ma-*
« *nière le capital de la société, il faudrait que ses adversaires dépen-*
« *sassent une somme infiniment plus forte :* c'est une hypothèse que
« l'on ne peut raisonnablement admettre.

« Les Messageries françaises n'auront pas comme celles qui les ont
« précédées un capital considérable, absorbé par un matériel
« immense. Les voitures sont fournies par des carrossiers entrepre-
« neurs qui les réparent, les renouvellent et les remisent pour un
« prix déterminé par poste parcourue : tel est le mode que le gou-
« vernement lui-même a adopté pour les malles-postes.

« D'après ce qui précède, on voit que la Compagnie, en portant
« son capital à *trois millions* dont elle ne compte même réaliser *que*
« *deux,* SE TROUVE COMPARATIVEMENT PLUS RICHE QU'AUCUNE DES COM-
« PAGNIES RIVALES ; LA PRESQUE TOTALITÉ DE SON CAPITAL RESTANT DIS-
« PONIBLE. CE N'EST, ON LE VOIT, QUE PAR UN EXCÈS DE PRUDENCE
« *que les fondateurs des Messageries françaises se sont déterminés*
« *à* LE CRÉER AUSSI FORT, CAR IL LEUR SERA DIFFICILE D'EN
« TROUVER L'EMPLOI POUR LES BESOINS DE L'ENTREPRISE.

« Ces considérations suffisent pour rassurer les personnes qui,
« avant d'avoir connu les bases sur lesquelles repose notre société,
« auraient pu craindre que, par une lutte obstinée, les deux entre-
« prises existantes ne la fissent succomber ; il ne s'agit pas en effet ici

(13)

« d'une lutte entre capitalistes; si elle s'engageait, *il y aurait, d'un*
« *côté, deux compagnies ; de l'autre, une association qui couvrirait*
« *la France , et se compose d'hommes fortement intéressés à ne pas*
« *se laisser enlever plus long-temps l'exploitation* d'un genre d'indus-
« trie qui semble leur appartenir plus particulièrement, et dont ils
« ont pourtant jusqu'ici été exclus de fait; *d'hommes blessés d'être*
« *réduits, malgré les avantages de leur position, à travailler comme*
« *des instrumens passifs* POUR CRÉER DES BÉNÉFICES AUXQUELS ILS N'ONT
« AUCUNE PART.

« Si on examine que sur quelques points où *de petites concur-*
« *rences se sont organisées sur des bases plus ou moins rapprochées de*
« *celles sur lesquelles nous nous établissons, les deux grandes com-*
« *pagnies n'ont pu les abattre malgré les sacrifices qu'elles ont faits*
« *et la facilité qu'elles avaient de concentrer leurs forces sur ces*
« *points isolés*, ON RECONNAÎTRA EN GÉNÉRAL QU'ON EXAGÈRE BEAUCOUP
« LEUR PUISSANCE, et qu'il n'y a rien à redouter pour les Messageries
« françaises d'une lutte d'argent dans laquelle tout l'avantage serait
« de notre côté, puisque, pouvant marcher à moins de frais, nos
« adversaires seraient obligés de dépenser une somme bien plus
« considérable que celle qu'ils feraient perdre à la nouvelle Com-
« pagnie.

« Les noms de ceux qui sont à la tête de cette entreprise ne per-
« mettent pas de craindre qu'on puisse la détruire en cherchant à
« désintéresser quelques uns des principaux associés. Les adminis-
« trateurs ont senti qu'il convenait de rassurer le public à cet égard,
« et l'article 21 de leurs statuts a rendu ce cas impossible.

« Quant aux avantages que la Compagnie des Messageries fran-
« çaises peut offrir aux capitalistes pour le placement de leurs fonds,
« ON EN JUGERA PAR LES CALCULS SUIVANS, basés sur un parcours de
« mille postes par jour , et desquels il résulte qu'*aux prix actuels*
« tant pour *le prix* des *places* que pour *le prix du transport des*
« *marchandises*, les actionnaires pourraient recevoir UN DIVIDENDE
« DE 23 P. o/o ; QU'A TRENTE POUR CENT *de baisse* ils pourraient
« recevoir DIX-NEUF POUR CENT (eu égard à ce que la baisse sur

« les marchandises n'a jamais lieu dans la même proportion que sur
« les places).

« A CINQUANTE POUR CENT *de baisse*, ils pourraient avoir
« TREIZE POUR CENT, enfin à SOIXANTE POUR CENT, encore
« DIX POUR CENT, et il n'est pas à présumer que l'on atteigne ja-
« mais un prix aussi bas que ce dernier, puisque l'expérience du
« passé démontre *que le terme moyen des plus fortes baisses n'est ja-*
« *mais arrivé à* 5o *p.* o/o. »

Ainsi voilà une société dont la constitution, au dire de ses orga-
nes, est assez vigoureuse pour résister à la baisse, quelque prodi-
gieuse qu'elle puisse être, fût-elle même de SOIXANTE POUR CENT;
et si elle n'est que de 3o p. o/o, le bénéfice des actionnaires sera encore de 19 p. o/o.

Il faut même remarquer que, dans un prospectus à l'adresse des
relayeurs, la Compagnie française va encore plus loin : elle prévoit
une baisse de SOIXANTE-QUINZE POUR CENT, TERME MOYEN.
A ce taux, les relayeurs, ses co-intéressés, toucheront encore 6 fr.
75 c. par poste, non compris le droit de 25 c.; ce qui suppose que,
même à ce rabais effroyable de 75 p. o/o, les actionnaires toucheront encore un dividende.

Eh bien ! disons-le sur-le-champ : la Compagnie Française, en je-
tant inconsidérément sur les routes une quantité énorme de services
entiers, a occasionné, par cet excès de production, une baisse
inévitable.

PLUS DE PLACES que de voyageurs, et par conséquent *réduction*
nécessaire du prix des places. Les chefs de cette entreprise n'avaient
pu manquer de prévoir ces résultats; et leur prospectus prouve
assez qu'ils les avaient prévus, puisqu'ils avaient supputé les consé-
quences des divers degrés de baisse. La Compagnie Française ose pourtant se plaindre d'une baisse qu'elle a occasionnée. Mais, enfin, voyons
quel a été le taux moyen de cette baisse. Il n'a pas même atteint le
minimum prévu par le prospectus (3o p. o/o); ce TAUX MOYEN
n'a été que de 27 fr. 87 c. p. o/o.

(15)

Il devait donc rester à la Compagnie Française ce magnifique bénéfice de 19 p. o/o si pompeusement annoncé. Alors pourquoi in-
tente-t-elle un procès en coalition? Pourquoi pousse-t-elle des cris
lamentables et se présente-t-elle comme notre victime? Pourquoi
demande-t-elle d'énormes dommages et intérêts en disant que nous
l'avons ruinée? Ses chefs trompaient donc le public lorsqu'ils annon-
çaient qu'une baisse de 60 p. o/o, *terme moyen*, laisserait encore
aux actionnaires 10 p. o/o de bénéfice; et s'ils se sont livrés à d'aussi
téméraires assertions, c'est que, en cas de mauvais succès, le procès
de coalition était au fond de leur esprit comme dernière ressource.
On voit percer cette pensée dans un troisième prospectus où on lit
ces mots :

« *Le retour de ces luttes acharnées, dont nous avons eu de si tris-*
« *tes exemples, est d'autant moins probable, d'ailleurs, qu'il résulte*
« *de l'arrêt rendu, le 9 de ce mois, par la Cour de Cassation dans*
« *l'affaire du sieur Guérin, que la coalition de plusieurs entreprises*
« *de messageries, pour écraser un concurrent, est punissable des*
« *peines prononcées par l'article 419 du Code pénal, et ce indépen-*
« *damment de tous dommages et intérêts.* »

Nos adversaires savaient en effet que, quelque injuste, quelque
dénuée de fondement que soit une plainte en coalition, elle trouve
toujours de l'appui, soit dans certaines préventions, soit dans le sentiment généreux qui porte à protéger le faible contre le fort; et que
ces préoccupations peuvent quelquefois entraîner le magistrat lui-
même hors des voies de la vérité et de la justice.

C'est là ce qui explique et le procès qui nous a été intenté, et la
sentence que nous déférons à la Cour.

Pour terminer l'exposé des faits, il nous reste à copier cette sentence :

« Attendu, en droit, que s'il est de principe incontestable, en ma-
« tière pénale, qu'on ne doit, sous aucun prétexte, donner d'extension
« aux prescriptions de la loi, ni juger par analogie plus ou moins
« exacte d'un cas prévu à un cas non prévu, il n'est pas moins con-

« stant que les magistrats appelés à statuer doivent rechercher quel
« a été le vœu du législateur, le but qu'il s'est proposé, et non s'at-
« tacher exclusivement à la lettre de la loi; qu'il s'agit, dans l'espèce,
« de rechercher et de déterminer le sens et l'étendue du mot *mar-*
« *chandise* employé dans l'article 419 du Code pénal;

« Attendu que la pensée du législateur a été, par cette disposition,
« de maintenir les objets de consommation et de spéculation com-
« merciale à un prix modéré ; d'empêcher les hausses et les baisses
« factices; de proscrire et de réprimer le monopole, et, pour y par-
« venir, de punir les *coalitions;*

« Que, ne pouvant prévoir et énumérer tous les cas, toutes les es-
« pèces, il a dû employer le terme générique *marchandise*, lequel
« s'applique à tout ce qui peut faire l'objet d'un trafic, aussi bien aux
« choses incorporelles, qui font journellement l'objet de ventes et
« autres transactions commerciales, qu'aux objets corporels qui se
« pèsent; se comptent, ou se mesurent ;

« Qu'il résulte de ce qui précède que l'article 419 comprend, dans
« la généralité de ses termes, la coalition en matière du transport
« des personnes et des choses par la voie de la messagerie, aussi
« bien que la coalition pour toute autre espèce d'industrie et mar-
« chandise ou chose commerciale réputée telle ;

« En fait,

« Attendu que, des débats et des nombreux documens produits,
« résulte la preuve que la Compagnie des Messageries royales et celle
« des Messageries générales se sont réunies, concertées et *coalisées*
« pour amener la ruine des Messageries françaises; que cela résulte
« *notamment* de la *simultanéité* de la baisse (plus de 40 p. 0/0) du
« prix des transports, soit des personnes, soit des marchandises; que
« cette baisse exagérée ne saurait être considérée, dans les circon-
« stances qui l'ont accompagnée, comme ayant été déterminée par la
« concurrence naturelle, loyale et libre du commerce ;

« Attendu que, vainement on oppose que le traité d'union, arrêté

« entre les deux Compagnies inculpées, à la date du 12 juin 1827, a
« été solennellement résilié, le 15 décembre 1836, à la suite de l'ar-
« rêt de cassation du 9 du même mois ;

« Attendu que cette résiliation n'*a été qu'apparente*; que les an-
« ciens rapports ont continué à subsister entre les deux Compa-
« gnies pour tout ce qui avait pour but de nuire aux Messageries
« françaises; que de *nombreux témoins*, et *la continuation donnée*
« *aux traités anciens avec les ralayeurs ou les maîtres de poste*, font
« foi de l'accord qui a continué entre les agens supérieurs des Com-
« pagnies ;

« Attendu que la coalition résulte aussi des différens moyens que
« les deux Compagnies ont mis en usage *simultanément* ou *indivi-*
« *duellement*, suivant les circonstances, toujours par suite d'un con-
« cert, arrêté à l'avance entre elles, depuis l'annonce de la formation
« de l'entreprise des Messageries françaises, pour entraver sa marche
« et hâter sa perte ;

« Qu'à ces différens moyens sont venus se joindre les efforts faits
« en commun par les deux compagnies, pour enlever aux Message-
« ries françaises leurs relayeurs , et *surtout les traités d'interdiction*
« avec exception en faveur de l'une d'elles, l'organisation de services
« ou demi-services réalisés en commun pour faire concurrence exa-
« gérée sur les lignes parcourues par les Messageries françaises, la
« subvention accordée en commun par les deux compagnies à une
« entreprise étrangère (la compagnie Destrilles de Périgueux), afin
« de soutenir et d'indemniser cette dernière dans la lutte contre les
« Messageries françaises; enfin, *dans les compositions avec le com-*
« *merce*, et dans le pied de guerre imposé aux maîtres de poste,
« toujours d'accord et en commun pour nuire aux plaignans ;

« Attendu, quant *aux voies et moyens frauduleux reprochés aux*
« *Messageries générales et royales, que ce chef de prévention n'est*
« *pas suffisamment justifié* ;

« Attendu que, d'après les termes précis de l'article invoqué, le lé-
« gislateur n'a pas exigé le concours des différentes conditions énu-
« mérées dans cet article; que, pour qu'il y ait délit, il suffit qu'il y

« ait coalition, indépendamment des voies et moyens frauduleux quel-
« conques ;

« Attendu que de tout ce qui précède résulte la preuve que les in-
« culpés susnommés se sont rendus coupables du délit de coalition
« prévu et réprimé par l'article 419 du Code pénal ;

« Leur faisant application dudit article, et néanmoins modérant la
« peine, eu égard aux circonstances atténuantes qui se rencontrent
« dans la cause, et modifiant l'art. 419 par l'art. 463 du même code,

« Condamne les administrations des Messageries royales et des
« messageries générales, chacune à fr. 500 d'amende, et tous solidai-
« rement aux dépens du procès ;

« Statuant sur les dommages-intérêts réclamés par les administra-
« teurs des Messageries françaises, parties civiles ;

« Attendu qu'aux termes de l'article 1382 du Code civil, tout fait
« quelconque de l'homme qui cause à autrui un dommage, oblige ce-
« lui par la faute duquel il est arrivé à le réparer ; qu'il est constant
« au procès que les Messageries françaises ont éprouvé un dommage
« réel, par suite des baisses forcées qu'il leur a fallu subir sur le prix
« du transport des personnes ou des marchandises, par le fait des deux
« entreprises coalisées contre elle ;

« Qu'une indemnité est due aux plaignans, mais que le tribunal ne
« trouve pas dans les documens produits des élémens suffisans pour
« en régler le montant en parfaite connaissance de cause ;

« Par ces motifs, condamne les administrateurs des Messageries
« royales et les administrateurs des Messageries générales ès-noms
« solidairement aux dommages-intérêts à donner par état. »

Les mêmes faits ont été appréciés bien différemment PAR LE
TRIBUNAL DE PÉRIGUEUX, jugeant en première instance, et
par les tribunaux DE SAINT-OMER et D'ANGOULÊME, jugeant
en appel. (*Pièces justificatives*, n° 20.)

Tous trois ont décidé, par des motifs très développés, que nous
n'étions pas en état de coalition avec les Messageries royales.

Voyons qui a raison de ces tribunaux ou de celui de la Seine.

DISCUSSION.

La sentence que l'on vient de lire se divise en deux parties.

La première a pour but d'établir que l'article 419 du Code pénal est applicable à une coalition formée par plusieurs entreprises de messageries, pour opérer la hausse ou la baisse du prix des places.

Cette question de droit est, comme nous l'avons déjà dit, l'objet d'une consultation délibérée en notre faveur et distribuée à la Cour. Nous ne nous en occuperons pas ici.

La seconde partie de la sentence renferme l'énonciation des faits et des argumens sur lesquels les premiers juges se sont fondés pour décider que nous étions coalisés avec les Messageries royales, afin de ruiner les Messageries françaises par une baisse factice.

Il faut remarquer ici, en passant, que, devant les premiers juges, nos adversaires ne se bornaient pas à nous imputer le fait de la prétendue coalition, mais qu'ils nous accusaient encore *d'avoir employé des voies et moyens frauduleux.*

Ce second chef de prévention ayant été écarté par le tribunal correctionnel de la Seine, il n'en sera pas question dans ce mémoire. S'il venait à se reproduire à l'audience de la Cour, nos défenseurs sont prêts à y répondre, et leur tâche sera facile.

La nôtre se trouve donc circonscrite dans ce qui concerne l'existence de la prétendue coalition.

Tout commerçant, blessé dans ses intérêts par une concurrence, peut employer contre le concurrent les moyens qu'il juge convenables, sauf les deux exceptions suivantes :

1° Il faut qu'il ne se serve d'aucune des manœuvres frauduleuses prévues par l'article 419;

2° Il faut que les moyens dont il use ne soient pas les actes d'exécution d'une coalition formée avec d'autres *détenteurs de* la même *marchandise* ou denrée.

Mais, encore une fois, hors de ces deux exceptions, la concurrence est entièrement libre.

Eclaircissons ceci par des exemples.

Il existe dans un pays une manufacture de cristaux. Tout à coup une seconde manufacture de cristaux vient à s'élever à côté de celle-là. L'ancien manufacturier, pour faire tomber l'établissement rival, baisse ses prix d'une manière exagérée et au-delà de ce que comportent les résultats naturels de la concurrence; un tel fait peut être blâmable aux yeux de la morale; pour notre part nous ne voudrions pas l'imiter, et nous n'avons jamais été liés par un traité qui nous condamnât à le faire; mais, après tout, ce fait ne rentre pas dans les termes de l'article 419, parce qu'il n'y a pas coalition, et qu'il ne saurait y en avoir, l'ancienne manufacture étant unique.

Maintenant, supposons qu'il y ait deux manufactures de cristaux établies avant la fondation de la nouvelle. La baisse exagérée des prix constituerait-elle un délit?

Oui, si elle est le résultat et l'exécution d'une coalition.

Non, dans le cas contraire.

On conçoit en effet que, s'il est possible que les deux établissemens anciens agissent par suite d'une convention faite entre eux, il est également possible qu'ils agissent d'une manière indépendante et isolée. Dans cette dernière hypothèse, chacun baisse ses prix par la simple impulsion de son intérêt personnel et sans aucun concert préalable. Chacun fait la guerre pour son propre compte, et comme s'il était seul en face du nouvel établissement. Il n'y a pas coalition. L'article 419 n'est donc pas applicable.

Ainsi, pour condamner les deux anciens manufacturiers lorsqu'ils nient l'existence d'une coalition entre eux, il faut de toute nécessité établir, par des preuves certaines, le fait de cette coalition.

Suffira-t-il de leur dire qu'ils ont tous deux baissé leurs prix, et que, par conséquent, ils ont agi en vertu d'une coalition?

Non, car la baisse des prix peut sans doute être le résultat d'une coalition ; mais elle peut aussi, même quand elle est exagérée, être le produit de volontés complétement individuelles et indépendantes. Lorsque deux hommes ont le même intérêt , il arrive tous les jours qu'ils agissent d'une manière identique, sans s'être concertés , sans s'être vus , sans s'être dit un mot.

Prendre la similitude d'actions pour preuve de la coalition, c'est donc tomber dans un sophisme manifeste.

Cependant on verra tout à l'heure que c'est là à peu près l'unique système d'argumentation des premiers juges.

Avant d'arriver à la réfutation de leurs motifs, disons encore un mot sur les notions générales qui se rattachent au procès.

Nous venons d'expliquer que certaines baisses de prix peuvent être innocentes ou coupables :

Innocentes, si elles ne sont pas le produit d'une coalition ,

Coupables si elles en sont le produit.

La liberté du commerce est, en France, le principe dominant.

En réprimant les coalitions, on protège cette liberté qu'elles tendent à entraver (1).

En laissant aux commerçans qui ne sont pas coalisés, la faculté la plus indéfinie de hausser ou de baisser leurs prix comme bon leur semble pourvu qu'ils n'emploient aucune manœuvre frauduleuse au préjudice de leurs concurrens , on protège également la liberté du commerce.

Voilà, selon nous, l'esprit de la loi.

Nous n'en avons pas disséqué le texte en légistes, car nous ne le sommes pas : nous l'avons examiné en hommes de bon sens, éclairés par la pratique des affaires commerciales et industrielles.

Pour nous condamner , il ne suffit donc pas de nous dire : Tel fait émané de vous a nui à vos rivaux ; il faut aller plus loin , il faut démontrer :

---

(1) Il reste toujours à examiner si les coalitions en matière de *transports* sont prévues par l'article 419 ; question que nous ne traitons pas ici, comme nous l'avons déjà expliqué.

1° Qu'au moment où ce fait a eu lieu, nous étions en état de coalition avec les Messageries royales;

2° Que ce fait a été la suite et l'exécution de la coalition.

La sentence des premiers juges devait donc établir qu'en 1837, époque où les voitures des Messageries françaises ont commencé à circuler, nous étions liés avec les Messageries royales par un pacte constituant une coalition. L'a-t-elle fait? on va le voir.

En résumé, que nous dit le jugement? *Vous avez mis en usage* SIMULTANÉMENT OU INDIVIDUELLEMENT, *selon les circonstances, différens moyens pour entraver la marche ou hâter la perte* des Messageries françaises.

Lorsque nous arriverons aux détails, nous établirons que cette imputation est aussi fausse qu'elle est vague; mais actuellement admettons un moment son exactitude..... Nous avons employé *différens moyens* contre les Messageries françaises, soit. Les Messageries royales *en ont fait autant,* soit..... Mais est-ce par suite d'une coalition prouvée que ces *différens moyens* ont été employés? et si la coalition est prouvée, comment et par quels faits l'est-elle? Voilà ce qu'il fallait expliquer nettement et ce que l'on cherche en vain dans la sentence. Elle énonce bien que c'est par suite d'un concert arrêté à l'avance entre les deux anciens établissemens qu'ils se sont livrés à des actes nuisibles aux nouveaux; mais cette assertion est dénuée de toute preuve.

Il est facile d'apercevoir le mode d'argumentation qui a égaré le tribunal de la Seine. De ce que les deux anciens établissemens ont, selon lui, fait certains actes préjudiciables au nouveau, il conclut qu'il y a eu coalition entre eux; puis, il se sert de la coalition pour incriminer ces mêmes actes. Si jamais raisonneurs ont tourné dans un cercle vicieux, ce sont assurément les premiers juges.

Ce que nous venons de dire serait décisif, lors même que l'on ferait abstraction des antécédens; mais ces antécédens y ajoutent une force invincible.

Il s'agit de savoir si nous sommes actuellement liés avec les Messageries royales par un pacte répréhensible. Eh bien, nous prouvons qu'à la vérité un pacte a existé autrefois entre les deux entreprises, mais que ce pacte (qui du reste n'était qu'une LÉGITIME CONVENTION DE NON-CONCURRENCE et ne constituait pas une coalition) a été rompu avant l'époque où les Messageries françaises ont commencé leur service. *Le 15 décembre* 1836, jour de la résiliation du traité de 1827, chacune des deux anciennes entreprises a recouvré d'une manière complète sa liberté primitive. L'idée d'une coalition est donc inadmissible; car, loin qu'il y ait entre les deux Compagnies un pacte blâmable, il est prouvé qu'il n'y a maintenant entre elles de pacte d'aucune espèce. Ainsi, non seulement on n'établit pas contre nous l'existence de la coalition; mais c'est nous au contraire, nous qui établissons, pièces en mains, qu'il n'y a pas de coalition. (*Pièces justificatives*, n° 1.)

Pour repousser cette démonstration si énergique, que fait le jugement? Il suppose que *la résiliation n'a été qu'apparente.*

Ainsi, selon les premiers juges, nous aurions fait une résiliation frauduleuse et simulée; mais comme le dol, qui ne se présume pas, même en matière civile, se présume encore moins en matière correctionnelle, il est indispensable de prouver contre nous la simulation; or, c'est ce que le tribunal de la Seine n'a nullement fait.

Si l'acte du 15 décembre est simulé, il faut que, en signant cet acte, les parties aient fait une contre lettre, ou tout au moins se soient engagées par promesse verbale à considérer la résiliation comme non avenue. Autrement chacun est libre; le lien est rompu; le fantôme de la coalition s'évanouit.

Où est la contre-lettre? Où est la preuve d'une promesse verbale? Voilà ce que les premiers juges n'ont pas même examiné. Ils se sont bornés à dire : Les Messageries Royales ont fait des actes de concurrence contre les Messageries françaises; les Messageries Générales en ont fait aussi. Donc il y a eu concert entre elles; et s'il y a eu concert, c'est que le traité de 1827 continuait à former un lien entre ces deux compagnies, nonobstant la rupture apparente.

Comme on le voit, c'est toujours le même sophisme, consistant à conclure de l'analogie de la conduite à l'existence de la coalition; toujours la même pétition de principe, consistant à induire de faits licites en eux-mêmes l'existence d'un pacte illicite, puis à incriminer ces mêmes faits au moyen de ce prétendu pacte.

Le raisonnement du tribunal est d'autant plus vicieux que les magistrats reconnaissent que les deux entreprises inculpées ont agi, tantôt *simultanément*, tantôt *individuellement*. Mais en admettant pour un moment que la *simultanéité* des actes soit un indice de coalition, il faut, par une réciprocité nécessaire, reconnaître que leur *individualité* est un indice contraire. Alors les prétendues preuves alléguées contre nous s'entre-détruisent et se neutralisent complétement.

Les réflexions qui précèdent suffiraient, à notre avis, pour déterminer l'infirmation du jugement; mais nous voulons que notre justification soit complète et éclatante. Nous ne laisserons donc sans réponse aucune des raisons spéciales données par les premiers juges.

Chacune de ces raisons sera détruite, soit par l'application que nous lui ferons des observations que nous venons de présenter sur l'ensemble du jugement, soit par des réponses qui lui seront propres.

PREMIÈRE RAISON.

« *De nombreux témoins font foi de l'accord qui, nonobstant la résiliation, a continué de régner entre les agens supérieurs des deux Messageries.* »

RÉPONSE.

Les témoignages se rapportent, soit à des faits particuliers que le tribunal considère comme des indices de la simulation de l'acte de résiliation, soit à des faits généraux relatifs à cette prétendue simulation.

Nous discuterons les premiers plus bas, lorsque nous nous occuperons des faits particuliers.

Quant aux autres, en quoi consistent-ils?

Un sieur Lardillon, maître de poste à Beaune, interpellé en ces termes par M. le président : « Avez-vous pensé qu'ils (les deux éta- « blissemens) étaient liés ensemble par quelques traités secrets? » a répondu...... « Oh! pour cela je ne puis vous le dire: j'ai pensé « qu'il *y a eu communauté d'intérêts ;* que ces messieurs étaient d'ac « cord. J'ai entendu dire *bien des fois* à Dijon que les deux entrepri- « ses qui, dans l'origine, avaient été long-temps rivales, avaient fait « un traité ensemble; je le disais même aux inspecteurs.

D. « Ont-ils nié ? » Non, Monsieur; mais ils ont dit qu'ils agis- « saient dans un intérêt respectif. »

Cette déposition, la seule que nos adversaires puissent invoquer parmi celles qui sont conçues en termes entièrement généraux sur le fait de la prétendue coalition, est insignifiante au dernier degré.

M. Lardillon dit que les deux entreprises avaient *fait un traité.* Sans doute il y a eu un traité; c'est celui du 12 juin 1827; il a subsisté pendant neuf ans et demi; il n'a été résilié que LE QUINZE DÉCEMBRE MIL HUIT CENT TRENTE-SIX. Mais le témoin a-t-il connu la résiliation? la considère-t-il comme sincère ou comme simulée? C'est un point sur lequel il ne s'est pas expliqué et n'a pas été interpellé.

Remarquons, d'ailleurs, les dates. M. Lardillon fixe au mois d'oc- bre 1836 les négociations qui ont eu lieu entre lui et les agens des Compagnies Royale et Générale; et, par suite de ces négociations, un marché de relais a été souscrit entre lui et les Compagnies à Beaune, *le 15 décembre* 1836, c'est-à-dire le jour même où nous si- gnions la résiliation à Paris. Il est donc tout simple qu'il n'ait pas eu connaissance de la résiliation, et que nos agens, ainsi que ceux des Messageries royales, lui aient dit que les deux entreprises étaient liées par le traité de 1827.

En regard de ce témoignage qui n'a aucune portée, nous place- rons une déposition qui est tout autrement significative, mais qui l'est dans un sens diamétralement opposé.

M. Duclos, maître de poste à Lieusaint, avait, comme un

grand nombre de ses confrères, fait en 1831 un marché de relais avec nous et un marché semblable avec les Messageries royales. Ces traités portaient que, en cas de concurrence, le prix du service de M. Duclos subirait une réduction. M. Duclos prétend, à tort ou à raison, que cette clause doit être considérée comme non avenue par suite de la *résiliation DU QUINZE DÉCEMBRE MIL HUIT CENT TRENTE-SIX*. Voici comment il s'est exprimé à ce sujet à l'audience du 13 février :

« Les deux grandes Messageries étaient bien d'accord en 1831 ; mais
« *après l'affaire du messagiste Guérin il y eut une SÉPARATION*
« *entre elles*. Nous ne nous étions engagés à subir le *prix de guerre*
« (c'est ainsi que nous appelions la retenue de 1 fr. 60 cent.) qu'à
« raison de l'union des deux grandes administrations, qu'à raison de
« cette force morale que leur union pouvait donner pour imposer aux
« personnes qui auraient eu l'intention d'établir des voitures sur la
« route. *Quand la rupture éclata entre les deux grandes Message-*
« *ries*, LA COALITION N'EXISTANT PLUS, nous n'avions plus la
« raison déterminante qui nous avait fait accepter la condition d'une
« retenue de 1 fr. 60 cent. (J'anticipe ici sur des faits qui n'ont pas
« encore eu de solution, je le sais bien ; mais cela est utile pour la
« parfaite connaissance des faits.) La *coalition n'existant plus, nous*
« avons pensé que nous n'étions plus astreints à subir la retenue de
« guerre. »

Ainsi, les relayeurs ont considéré la *rupture* comme réelle et sérieuse à tel point qu'ils ont prétendu en faire dériver des droits à leur profit et des modifications aux anciens traités de relais. (*Pièces justificatives, n° 2.*)

DEUXIÈME RAISON.

La continuation donnée aux traités anciens avec les relayeurs ou les maîtres de poste fait pareillement foi de l'accord qui a continué entre les agens supérieurs des deux Messageries.

RÉPONSE.

On reste pour ainsi dire muet de surprise en lisant un tel motif dans un jugement émané de magistrats graves et conciencieux. Deux moyens également décisifs le réduisent à un néant complet :

1° Supposons pour un moment qu'il fût vrai que tous les traités de relais de 1831 subsistassent encore, nous soutenons que l'on ne pourrait en tirer aucune conséquence contre nous, et voici sur quoi nous nous fondons :

En 1831, une grande partie des maîtres de poste de France, représentés par *deux cents* d'entre eux, envoyés à Paris comme commissaires, traitèrent avec les deux entreprises. Les marchés avaient tous été passés dans les mêmes termes. Rien n'était plus naturel, puisque l'on était alors sous l'empire de la convention de 1827. Ces marchés avaient été passés pour neuf ans. Ils devaient expirer le 31 décembre 1840, c'est-à-dire, précisément à la même époque que la convention du 12 juin 1827.

Maintenant, parce qu'il a convenu aux deux entreprises de rompre cette convention LE QUINZE DÉCEMBRE MIL HUIT CENT TRENTE-SIX, est-ce que leurs marchés avec les relayeurs peuvent se trouver anéantis ou modifiés? Il est clair que non. La résiliation du 15 décembre est un acte étranger aux tiers, et qui ne saurait leur préjudicier.

En 1838, la Compagnie Royale voulut rompre quelques uns de ces traités, relatifs au parcours de la route de Paris à Lille par Saint-Quentin. Trois relayeurs, MM. Dezeaux, Duroizel et Monier résistèrent à cette prétention ; une sentence arbitrale la rejeta, et, ce qui est remarquable, c'est que le tiers-arbitre dont la voix détermina cette sentence, fut l'habile avocat par l'organe duquel les Messageries françaises nous reprochent aujourd'hui d'avoir *continué l'exécution des traités de* 1831.

Pourquoi, d'ailleurs, le jugement veut-il que les deux Compagnies rompent les traités faits avec les maîtres de poste? Pour qu'elles n'aient pas les mêmes relayeurs : mais qui empêche donc que deux entreprises aient le même relayeur ? est-ce que c'est un fait de coalition de se servir du même relayeur ? La loi du 25 ventose an 13 veut que l'on paie une indemnité de 25 cent. par cheval, aux maîtres de poste dont on n'emploie pas les chevaux. Ainsi l'esprit de cette loi est que les entreprises de messagerie s'adressent de préférence aux maîtres de poste (1). Comment donc incrimine-t-on ce que l'on appelle *la continuation* de nos traités de 1831 *avec les maîtres de poste ?* Ces traités étaient irréprochables; ils le sont encore, et lors même que nous pourrions les rompre par notre seule volonté, nous n'aurions aucune raison décisive pour le faire. *Voilà ce que nous dirions si le reproche que l'on nous adresse était exact en fait.*

2.° Mais en raisonnant comme nous venons de le faire, nous avons discuté une pure hypothèse.

La réalité est que, depuis L'ACTE DE DÉCEMBRE MIL HUIT CENT TRENTE-SIX, nous n'avons épargné ni efforts ni sacrifices pour obtenir la résiliation amiable des traités de 1831. Nous y avons réussi en grande partie, et il nous en a beaucoup coûté. L'état des résiliations ainsi opérées sera mis sous les yeux de la Cour. Elle verra qu'il n'existe plus guère d'anciens traités que sur la route de Paris à Lyon. (*Pièces justificatives, n° 2.*)

Si donc ces traités avaient été, comme le prétendent à tort les premiers juges, un indice de coalition, ne serions-nous pas fondés à dire que notre empressement à les faire cesser depuis LE MOIS DE DÉCEMBRE MIL HUIT CENT TRENTE-SIX , est une preuve qu'à cette époque la prétendue coalition a été anéantie sans retour ?

Voilà des traités dont l'expiration coïncidait avec celle de la con-

---

(1) C'est ce que M. de Fréville exprimait en ces termes , dans son rapport sur cette loi :

« Les nombreuses diligences ou messageries qui couvrent les routes et marchent « par relais, DEVRAIENT *se servir des chevaux de la poste et ne le font pas.* Il est juste, il « est utile, pour leur imposer cette obligation, *de leur faire payer aux maîtres de poste* « *une indemnité, comme équivalent approximatif des bénéfices qu'ils pourraient en retirer.* » (MONITEUR du 14 ventose an 13.)

vention de 1827. Nous avons fait tout au monde pour les rompre depuis que cette convention a été résiliée; la résiliation de la convention de 1827 a donc été sincère.

Les premiers juges exigent quelque chose de plus; ils voudraient que nous eussions rompu les traités même contre le gré des relayeurs; c'est-à-dire qu'ils nous condamnent parce que nous n'avons pas fait une chose impossible.

Disons, en terminant sur ce point, que les deux Compagnies ont résilié ces traités séparément; que non seulement les résiliations ont eu lieu à des époques différentes, mais encore qu'il est arrivé que l'une des Compagnies a obtenu la résiliation et que l'autre n'a pas même cherché à l'obtenir : nouvelle preuve que tout concert a cessé entre nous.

Combien n'a-t-il pas fallu que la préoccupation des magistrats ait été grande, pour qu'un tel moyen ait pu faire impression sur eux !

TROISIÈME RAISON.

« *La coalition résulte aussi des différens moyens que les deux* « *Compagnies ont mis en usage* SIMULTANÉMENT *ou* INDIVI- « DUELLEMENT, *suivant les circonstances, toujours par suite d'un* « *concert arrêté à l'avance entre elles, depuis l'annonce de la forma-* « *tion de l'entreprise des Messageries françaises, pour entraver sa* « *marche et hâter sa perte.* »

Nous avons déjà examiné ce moyen sous un aspect général, et nous avons indiqué le raisonnement vicieux qui lui sert de base.

Nous voudrions le soumettre maintenant à une discussion de détail; mais nous éprouvons un embarras invincible pour y parvenir. Qu'ont entendu les premiers juges par ces mots vagues de *moyens mis en usage simultanément ou individuellement?* Quels sont ces moyens ? S'ils ont été employés *simultanément*, pourquoi le tribunal ne dit-il pas en quoi ils consistent? Quant aux moyens employés *individuellement*, comment prouveraient-ils la coalition et la simulation de l'acte du 15 décembre 1836 ? **Ne** seraient-ils pas, au contraire, la démonstration de la sincérité de la rupture ? Au surplus, qu'est-ce que ces prétendus *moyens employés indivi-duellement ?*

Le tribunal a-t-il voulu parler de la résiliation obtenue, à prix d'argent, des relayeurs, par la Compagnie Royale sur la route de Paris à Lille, après la sentence qui a maintenu les traités faits avec ces relayeurs ? et de la résiliation que nous-mêmes avons obtenue à l'amiable sur une grande portion de la route de Paris à Lyon ? Sans doute, ce sont des moyens employés *individuellement*, mais en quoi ces moyens prouvent-ils la prétendue coalition ? N'ont-ils pas un caractère de parfaite loyauté et de parfaite indépendance ? et ne serait-il pas trop contradictoire de nous dire à la fois, vous êtes coalisés parce que vous n'avez pas résilié tous les traités, et vous êtes coalisés parce qu'*individuellement* vous en avez résilié quelques uns à l'amiable ?

Le tribunal a-t-il entendu désigner l'établissement par la Compagnie Royale seule d'un second service de Paris à Bordeaux, et les nombreuses suppressions ou interruptions temporaires de services que nous avons opérées *individuellement*, tandis que la Compagnie Royale, agissant aussi *individuellement*, n'en opérait qu'une seule ? Mais ces faits, loin de prouver la simulation de l'acte du 15 décembre en établissent la sincérité ; car, d'après le traité de 1827, les deux Compagnies devaient être partout sur le pied d'une *égalité parfaite;* or, les faits dont il s'agit, faits postérieurs à l'acte DU QUINZE DÉ-CEMBRE MIL HUIT CENT TRENTE-SIX, ont au contraire établi entre elles une notable inégalité.

Il faut donc reconnaître que les mots, *moyens employés individuel-lement,* dont les premiers juges se sont servis, n'ont aucun sens raisonnable. (*Pièces justificatives, n*os 6 et 7.)

Quant aux mots, *moyens employés simultanément,* nous nous creusons en vain la tête pour savoir à quoi ils s'appliquent : ce n'est ni à la clause d'interdiction insérée dans les traités de relais, ni à la continuation de ces traités, ni à l'organisation en commun de services et demi-services, ni à la prétendue subvention accordée à un sieur Destrilles, ni à la composition avec le commerce, ni à la réduction des prix ; car tous ces faits sont précisés dans le jugement, et ils ont été ou vont être examinés dans ce Mémoire. Les mots, *moyens employés simultanément*, sont donc aussi vides qu'ils sont vagues. Ce n'est qu'une phraséologie insignifiante, employée pour masquer l'absence de preuves et le vice de l'argumentation.

QUATRIÈME RAISON.

« *Aux différens moyens sont venus se joindre* les efforts *faits en « commun par les deux Compagnies* pour enlever aux Messageries « françaises leurs relayeurs, *et surtout les traités d'interdiction avec « exception en faveur de l'une d'elles.* »

RÉPONSE.

D'après la rédaction de ce considérant, il semblerait qu'indépendamment des traités d'interdiction, il y a eu des *efforts pour enlever* aux Messageries françaises leurs relayeurs.

Pas du tout ; nous portons à nos adversaires le défi d'établir un fait qui puisse fournir, nous ne dirons pas la preuve, mais même le plus léger indice d'un *effort* de cette nature.

C'est toujours le même système ; on n'a que d'insignifiantes réalités, on essaie de les grossir en y ajoutant des chimères.

Il nous reste donc à nous expliquer sur les clauses d'interdiction contenues dans les traités.

Rien de plus commun dans le commerce et de plus licite que ces clauses d'interdiction. Vos services me sont utiles , je les loue à condition que vous ne les accorderez pas à mon concurrent : un tel contrat n'a rien qui blesse la loi , la morale ou la liberté du commerce.

Si les clauses d'interdiction sont légitimes dans toutes les branches de commerce et d'industrie, elles le sont surtout en matière de relais de messagerie. La vitesse est le moyen de succès des entreprises de diligences. Le public veut être transporté avec célérité; toutes choses égales du reste, il donne la préférence aux voitures qui marchent le plus rapidement. Cela posé, le stimulant en fait de vitesse, c'est la concurrence entre les relayeurs. Si un même relayeur conduit toutes les diligences qui parcourent une route, les postillons ménagent leurs chevaux et se ménagent eux-mêmes; les uns et les autres se prélassent tranquillement sur les routes, et les voitures cheminent pesamment au grand déplaisir des voyageurs. Si au contraire chaque voiture a ses relayeurs à part, on se défie, on se passionne, et le service marche vivement. Les entrepreneurs de messageries ont donc intérêt (et un intérêt tout-à-fait recommandable, car il est d'accord avec celui du public) à introduire dans leurs marchés de relais des clauses d'interdiction.

Mais les relayeurs ont un intérêt tout opposé, par la double raison que ces clauses les privent de l'avantage de conclure d'autres traités, et que la célérité du transport, qui est utile aux entrepreneurs et aux voyageurs, leur est très nuisible, en ce qu'elle fatigue et qu'elle use leurs chevaux. C'est ce qui fit que les deux cents maîtres de poste qui, en 1831, vinrent à Paris pour traiter avec les Messageries royales et avec nous, exigèrent le relayage des deux Compagnies à la fois.

Il y a donc, toutes les fois qu'un traité de cette nature se négocie, une lutte entre le messagiste et le relayeur relativement à la clause d'interdiction. Le premier voudrait qu'elle fût absolue, le second voudrait la rejeter entièrement.

Le dénoûment de cette discussion varie selon les occurrences. Tantôt c'est le messagiste qui fait la loi, tantôt c'est le relayeur. Souvent aussi on se fait des concessions mutuelles. On stipule que le relayeur pourra traiter avec tel établissement, mais non avec d'autres.

Ainsi nos traités de relais présentent les variétés suivantes :

1° Les uns interdisent aux relayeurs tout marché avec les autres entreprises ;

2° Les autres interdisent les traités avec toute entreprise, excepté les Messageries royales ;

3° **Enfin** il y a des traités qui laissent au relayeur la faculté de faire d'autres marchés avec qui bon lui semblera.

Comme exemple de la première catégorie de traités, nous citerons :

1° Un traité fait le 3 mai 1838 entre nous et M. Nouette-Delorme, maître de poste à Fromenteau. L'article 7 de ce traité porte l'interdiction absolue de relayer d'autres voitures ;

2° Des traités semblables faits entre nous et tous les maîtres de poste du parcours de Paris à Neuvy (42 lieues), du parcours de Moulins à Lyon (46 lieues), du parcours de Moulins à Clermont (24 lieues 1/2), et un traité fait le 7 juin 1838 entre nous et M. Besnard, maître de poste à Pontchartrain.

Comme exemple de la deuxième catégorie, nous citerons :

Un traité du 23 décembre 1837, fait entre nous et M. Courtaud de Poitiers. L'article 6 de ce traité interdit au relayeur de conduire toute diligence autre que celle de notre établissement, à l'exception des voitures des Messageries royales.

Comme exemple de la troisième catégorie, nous citerons :

Un traité du 15 mars 1838, fait entre nous et M. Louis, maître de poste à Sainte-Maure (Indre-et-Loire). Le traité ne mentionne aucune interdiction.

Nous aurions pu multiplier les citations ; mais celles-là suffisent, et la Cour aura sous les yeux les autres traités.

Tous ceux dont nous venons de parler sont postérieurs, tant à la résiliation du QUINZE DÉCEMBRE MIL HUIT CENT TRENTE-SIX qu'à la création des Messageries françaises, et antérieurs au procès actuel. Ils sont donc directement applicables à la question. (*Pièces justificatives n° 3*).

Les clauses d'interdiction sont en quelque sorte traditionnelles ; on les insère dans les traités toutes les fois que l'on ne trouve pas une résistance invincible dans le relayeur.

Rien n'est plus rationnel et plus équitable que de telles clauses.— Si les chevaux appartenaient à l'entreprise de messagerie, il est clair qu'elle ne les louerait à personne. C'est ce qui, par exemple, a lieu sur divers parcours où nous avons été obligés de placer des chevaux.

Pourquoi donc, en traitant du relai avec un tiers, l'entreprise de messageries ne lui interdirait-elle pas de relayer d'autres voitures? Souvent on fait au relayeur des avances, sans lesquelles il ne pourrait se soutenir. En venant ainsi à son secours, on n'entend pas le mettre en état de servir des établissemens rivaux; ce ne serait pas de la générosité, mais de la duperie. Enfin, l'expérience a appris que, lorsqu'on laisse au relayeur la faculté d'entreprendre la conduite de voitures concurrentes, le nouveau venu, toujours entraîné par des illusions, n'épargne pas la dépense, *paie les relayeurs plus cher*, et est mieux servi. Ces considérations, que nous ne faisons qu'indiquer rapidement, ont donné naissance aux clauses d'interdiction. Aussi n'y a-t-il aucune entreprise de diligence qui ne s'efforce de les faire adopter par ses relayeurs. On en a eu la preuve dans le procès de Saint-Omer. L'entreprise dite de l'*Aigle,* notre adversaire dans ce procès, nous reprochait amèrement la clause d'interdiction. Les traités de cette entreprise avec ses relayeurs furent produits, et on y trouva cette même clause. Le fait est constaté par un des considérans du jugement de Saint-Omer. Mais ce qui est plus direct et plus décisif encore, c'est que les Messageries Françaises imposent aussi à leurs relayeurs des clauses d'interdiction (1). Ainsi elles tombent dans la même absurdité que l'entreprise de l'Aigle; elles nous imputent à crime de faire ce qu'elles font elles-mêmes. (*Pièces justificatives n°* 16.)

Concluons de ce qui précède qu'il n'est pas vrai que, depuis la fondation des Messageries Françaises, les deux anciennes compagnies se soient entendues pour insérer constamment dans les traités de relais des clauses d'interdiction avec exception en faveur de l'une d'elles. Cette exception a été quelquefois stipulée; elle l'a été lorsque le relayeur l'a exigé dans son propre intérêt, et qu'il nous a été impossible de nous soustraire à cette exigence; nous avons au contraire imposé l'interdiction absolue, toutes les fois que nous l'avons

---

(1) Elles ont inséré une clause d'interdiction dans leur marché avec M. Berruyer, relayeur à Tours.

pu ; nous y avons réussi dans le plus grand nombre des cas ; enfin il y a eu des relayeurs qui sont parvenus à obtenir la liberté complète de traiter avec d'autres entreprises.

Il faut ajouter que souvent il est arrivé qu'un relayeur a traité avec les deux anciennes entreprises, et que les clauses des deux marchés, relativement à l'interdiction, n'ont pas été les mêmes. Ainsi M. Chatelain, relayeur à Vitry-le-Français, a déposé devant la sixième chambre du tribunal de première instance, que l'article 6 de son traité avec nous lui avait permis de conduire d'autres voitures à son gré, tandis que l'article 6 de son traité avec les Messageries royales contenait l'interdiction.

Que deviennent donc les suppositions de concert frauduleux ? Elles n'ont pas même de prétexte. Il est évident que nous avons agi isolément et pour notre propre compte.

Les Messageries royales en ont fait autant de leur côté. Et lors même que l'interdiction se trouverait dans tous les traités faits par les deux compagnies, on ne pourrait en tirer aucune conséquence contre nous, puisque cette clause est aussi licite qu'usitée.

CINQUIÈME RAISON.

« *Il faut joindre à ce qui précède l'organisation de services ou*
« *de demi-services réalisés en commun, pour faire concurrence exa-*
« *gérée sur les lignes parcourues par les Messageries françaises.* »

RÉPONSE.

Le tribunal a confondu les *services* et les *demi-services.*

Nous n'avons monté *aucun service entier en commun avec les Messageries royales, depuis l'établissement des Messageries françaises.*

Quant aux demi-services, nous en avons monté quelques uns en commun, parce qu'il est impossible de procéder autrement. (*Pièces justificatives,* n° 19.)

Le demi-service n'occupant les chevaux du relayeur que de deux jours l'un, aucun loueur de chevaux ne voudrait traiter avec une compagnie (1) d'un demi-service, s'il n'avait la certitude d'avoir un autre demi-service pour compléter l'emploi de ses chevaux.

Les débats du procès en première instance n'ont laissé aucun doute sur ce point.

Ainsi, on demande à M. Lippmann, maître de poste à Strasbourg, s'il aurait voulu traiter d'un demi-service avec une seule administration ; il répond :

« S'il n'y avait eu qu'une entreprise, je n'aurais pas pu traiter. Le « service n'était possible qu'avec deux administrations qui, ayant « chacune un demi-service, formaient ainsi un service régulier et « journalier. »

M. Ganneron, maître de poste à Fère-Champenoise, a fait une déposition semblable.

Il suffit de lire nos traités de demi-services qui sont tout imprimés, pour se convaincre que, en cas de demi-service, le relayeur a besoin de compléter l'emploi de ses chevaux.

L'article 6 de ces traités est ainsi conçu :

« Et, en considération des avantages que me procure le présent « traité, je prends l'engagement de ne point recevoir chez moi, en- « treprendre ou relayer ni directement ni indirectement, aucun ser- « vice de messageries en concurrence avec l'administration ; consen- « tant, en cas de contravention, à ce que le service puisse m'être « retiré, sans préjudice de tous dommages et intérêts à répéter con- « tre moi par l'administration ; *mais attendu qu'il ne s'agit ici que* « *d'un demi-service, je me réserve la faculté de pouvoir traiter seule-* « *ment pour un autre demi-service sur le parcours dont il est ici ques-* « *tion, avec telle administration qu'il me plaira.* »

Un marché de cette nature a été passé entre nous et M. Follain, relayeur de Paris à Bondy (et une infinité d'autres).

La rédaction de cet article imprimé prouve encore que notre principe est de laisser au relayeur la faculté de traiter de l'autre moitié

---

(1) Ou du moins il ne traiterait qu'à des conditions très onéreuses pour cette compagnie. (*Pièces justificatives,* n° 19.)

du service avec telle administration que bon lui semble, et qu'il n'y a pas d'exclusion au préjudice des Messageries françaises ni de qui que ce soit.

Sans doute il arrive fréquemment que nos relayeurs de demi-services traitent avec les Messageries royales, parce que, sur beaucoup de lignes, elles ont un demi-service à côté du nôtre.

Il arrive même que des relayeurs, comme MM. Lippmann et Ganneron, ne veulent traiter d'un demi-service avec une entreprise, qu'autant qu'ils ont la certitude de trouver en même temps l'emploi de leurs chevaux pour un autre demi-service. De là résulte quelquefois, pour nos agens et pour ceux des Messageries royales, la nécessité de conduire la négociation en commun. Cette nécessité tient à la nature des choses et non à une coalition.

Deux entreprises, pour avoir négocié d'accord, mais sans solidarité, un traité de demi-service avec un relayeur, n'en sont pas moins en état de concurrence et de rivalité.

Ainsi l'on a vu la Compagnie royale et la *Compagnie Richard*, qui étaient en concurrence sur la route de Paris à Nantes, traiter conjointement d'un demi-service sur cette ligne ; ce qui ne les a pas empêchées de continuer à se faire la guerre. Telle est encore la position entre les compagnies rivales Van-gend et Briard. (*Pièces justificatives*, n° 19.)

Quand la Compagnie Française voudra renoncer au luxe de services complets qu'elle jette sur toutes les routes sans discernement et dans un but d'agression contre nous, quand elle abandonnera le système déplorable dont, au moyen de son procès en coalition, elle prétend nous faire payer les frais ; quand elle voudra descendre comme nous à la modestie des demi-services, nous nous joindrons à elle pour traiter avec les mêmes relayeurs, sur la même table et sans solidarité ; puis ensuite nous nous tournerons le dos. Nous ne serons pas alors plus coalisés avec les Messageries françaises que nous le sommes aujourd'hui avec les Messageries royales.

L'organisation en commun des demi-services n'est donc ni une preuve, ni même un indice de coalition.

Les premiers juges semblent l'avoir compris, du moins jusqu'à un certain degré, car ce qu'ils nous reprochent, ce n'est pas précisément d'avoir monté des services en commun; mais c'est de l'avoir fait *pour établir une concurrence exagérée sur les lignes parcourues par les Messageries françaises.*

Examinons le grief sous ce point de vue. Le simple exposé des faits le fera complétement évanouir.

Nous répèterons ici que le jugement confond toujours les services entiers ou journaliers avec les demi-services, *ou services de deux jours l'un.*

Quant aux services entiers, encore une fois NOUS N'EN AVONS MONTÉ AUCUN DEPUIS QUE LA COMPAGNIE FRANÇAISE EXISTE.

La Compagnie Royale seule a monté un service journalier de Paris à Bordeaux.

Ainsi, à l'égard des services entiers, rien n'a été fait en commun : voilà qui est parfaitement clair.

Passons aux demi-services :

1° On nous reproche d'avoir monté en commun, avec les Messageries royales, un demi-service de Paris à Nancy par Sézanne; mais ce demi-service a été créé le 1er juin 1836, c'est-à-dire, SIX MOIS AVANT LA RÉSILIATION DU TRAITÉ DE MIL HUIT CENT VINGT-SEPT, ET DIX MOIS avant que la Compagnie Française fît sa première apparition sur les routes. D'ailleurs, ce demi-service n'est qu'un changement de ligne. Auparavant, nos voitures allaient de Paris à Nancy par Châlons-sur-Marne. En 1836, la nouvelle ligne de communication entre ces deux villes par Sézanne a été achevée ; elle est de huit lieues 1/2 plus courte que l'autre. Nous avons reporté sur cette route le demi-service qui existait sur l'ancienne; et il en résulte que les voyageurs ont une nuit de moins à passer en voiture. Ce changement nous a d'ailleurs procuré une diminution de 18,000 fr. sur les frais de relais. Il est inutile de s'arrêter plus long-temps sur ce point.

2° On se plaint encore de ce que nous avons monté en commun un demi-service de Strasbourg à Metz.

Quelques détails pour faire justice d'un tel grief.

Depuis longtemps, M. Lippmann, maître de poste à Strasbourg , dont nous avons déjà parlé, exploitait un service journalier de messagerie de Strasbourg à Metz. Il était notre correspondant et celui des Messageries royales. Chacune des deux grandes entreprises avait un demi-service de Paris à Metz. Ces deux demi-services alternaient. Arrivés à Metz, nous versions à M. Lippmann les voyageurs qui voulaient continuer leur route jusqu'à Strasbourg. Réciproquement, M. Lippmann nous versait les voyageurs qui, étant venus de Strasbourg à Metz, voulaient continuer leur route sur Paris. Ce qui s'était passé entre M. Lippmann et nous le jour où notre voiture était en marche, se passait le lendemain entre M. Lippmann et les Messageries royales. Tel était l'état des choses au moment de l'établissement des Messageries françaises. Alors M. Lippmann a manifesté l'intention de devenir aussi le correspondant de ce nouvel établissement. Il voulait que les trois entreprises fussent en tiers dans sa correspondance. Nous l'avons refusé, et assurément nous en avions le droit. Quoi! M. Lippmann aurait continué à avoir toutes nos provenances, et au lieu de nous verser la moitié des siennes , il ne nous en aurait plus versé que le tiers! il faut même ajouter que, à raison des heures de départ, nous n'aurions pas eu le tiers, mais seulement le cinquième (les provenances n'auraient pu nous être versées que tous les cinq jours) ; c'est un détail qui sera expliqué à l'audience, s'il en est besoin. Les Messageries royales auraient été dans la même situation. Ainsi les deux anciennes Compagnies auraient été gravement lésées dans cette nouvelle organisation de service. Nous avons dit à M. Lippmann : « Nous accorder votre correspondance tous les cinq « jours, c'est en réalité nous la refuser; à de telles conditions, nous ne « pouvons continuer nos rapports avec vous ; votre défection nous « délie, et nous irons chercher nous-mêmes, à Strasbourg, les prove- « nances que vous nous retirez. » De là, la création de notre demi-service. Les Messageries royales en ont fait autant. Ainsi le résultat de la rupture causée par le fait de M. Lippmann a été de doter les Messageries françaises d'une correspondance journalière et exclusive

De quoi se plaignent-elles donc?

De là il faut conclure :

En premier lieu, que, loin d'avoir joué le rôle d'agresseurs, les deux anciens établissemens n'ont fait qu'user du droit de légitime défense.

En second lieu, que les Messageries royales et nous , n'avons pas *fait concurrence* aux Messageries françaises, puisqu'elles n'*ont pas de voitures sur la route de Metz à Strasbourg ;* que nous n'avons élevé de concurrence que contre M. Lippmann, notre ancien correspondant, qui nous avait abandonné pour se lier avec les Messageries françaises.

Qu'enfin , la concurrence n'était pas *exagérée* , puisqu'elle était commandée par la nécessité , et que , si nous ne l'avions pas établie , nous aurions perdu une grande partie des provenances de Strasbourg par la ligne de Metz.

3° Le dernier fait que l'on nous reproche est *une déviation de demi-service.*

Il faut encore ici entrer dans quelques développemens.

Avant l'établissement de la Compagnie Française, nous avions des voitures de Paris à Dôle par Dijon.

Nous en avions aussi de Paris à Châlon-sur-Saône par Dijon.

Les Messageries royales occupaient les mêmes lignes.

A Dôle, nous avions pour correspondant un sieur Crottet, et les Messageries royales y avaient pour correspondant un sieur Brettmayer. Ces deux messagistes avaient des voitures de Dôle à Genève , et, au moyen de ces correspondances , nos voyageurs et ceux des Messageries royales parcouraient la route de Paris à Genève.

Au mois d'avril 1837, les Messageries françaises montèrent un service direct de Paris à Genève par Beaune. C'était leur début; leur voiture de Genève est la première qu'elles aient mise en mouvement.

Elles commencèrent par nous enlever *le sieur Crottet*, notre correspondant , comme depuis elles nous ont enlevé *le sieur Lippmann.*

Le sieur Crottet devint directeur des Messageries Françaises à Genève, et leur apporta sa clientèle.

Notre service de Paris à Genève était donc interrompu; il fallut le compléter. Nous montâmes de petites voitures de Dôle à Genève.

Quant aux Messageries Royales, le sieur Brettmayer, leur correspondant, leur resta fidèle, et l'organisation de leur service, sur cette ligne, ne subit aucun changement.

Voilà pour la ligne de Paris à Dôle et Genève.

Quant à la ligne de Paris à Châlon-sur-Saône , les Compagnies générale et royale ont adopté une légère déviation; le fait est vrai. Une route nouvelle avait été ouverte de Sémur à Beaune par Bligny. Elle était *de neuf lieues et demie* plus courte que l'ancienne qui passait par Dijon. Nous avons cru devoir la suivre. Est-ce là un nouveau service? Non, c'est un service existant dont la direction a été changée sur une faible portion de la ligne, afin d'éviter un coude. Les voitures de Paris à Châlons, avant la déviation, passaient par Sémur, Dijon et Beaune; depuis la déviation, elles passent par Sémur, Bligny et Beaune.

Les Messageries Royales ont adopté cette nouvelle direction en même temps que nous ; mais, quelques mois après, elles sont revenues à l'ancienne ligne, passant par Dijon.

Quant à nous, nous sommes restés, pendant un certain temps, sur la nouvelle ligne; mais comme elle ne fournissait pas de voyageurs, nous avons substitué à la diligence un fourgon, pour transporter des marchandises. Nous poussions ce fourgon jusqu'à Lyon , MAIS NOUS AVONS FINI PAR LE SUPPRIMER.

Que résulte-t-il de tout ce qui précède ?

Que le tribunal de la Seine s'est complétement mépris.

Son jugement porte que nous avons multiplié les services sur les lignes occupées par la Compagnie Française ; et il demeure constant que nous n'en avons établi aucun.

Ce jugement dit que nous avons agi simultanément avec la Compagnie Royale, et on voit au contraire qu'il y a eu, entre sa marche et la nôtre, une notable différence.

Ce jugement porte enfin que nous avons voulu, par une concurrence exagérée, ruiner la Compagnie Française; et c'est elle au contraire qui démonte nos services, en nous enlevant nos correspondans, et qui nous force, par sa présence, d'abandonner des lignes importantes, telles que celles de Paris à Châlon-sur-Saône, où nous avons été réduits d'abord à convertir *notre diligence en fourgon*, puis enfin à RENONCER MÊME A CE FOURGON.

Nous nous sommes expliqués sur les services et demi-services que l'on nous accusait d'avoir montés pour créer une concurrence exagérée; et la fausseté de cette imputation est maintenant bien établie.

Mais, si nous nous arrêtions à ce point, nous n'aurions pas présenté la vérité tout entière.

Non seulement nous n'avons pas augmenté nos services depuis que la Compagnie française existe, mais encore la concurrence de cette Compagnie nous a forcés DE SUPPRIMER UN ASSEZ GRAND NOMBRE DE CEUX QUE NOUS AVIONS ANTÉRIEUREMENT. (*Pièces justificatives, n*o 7.)

Nous avons déjà exposé ce fait relativement au service de Paris à Châlon. Ce n'est pas la seule suppression que nous ayons faite; il y a eu de notre part quatre autres suppressions ou réductions dont voici l'aperçu.

1º Jusqu'à 1837, nous avions eu un service entier de Paris à Lyon par le Bourbonnais. A cette époque, la Compagnie Française monte un service de Paris à Lyon par la Bourgogne. La concurrence qui en résulte nous oblige de nous réduire à UN DEMI-SERVICE DE PARIS A LYON PAR LE BOURBONNAIS.

2º Nous avions un *demi-service* de Paris à Calais par St-Omer. Au mois de juin 1837, la Compagnie Française organise un service entier sur cette route stérile. Des déficits se déclarent; NOUS RENONÇONS A NOTRE DEMI-SERVICE, et quelque temps après, la *Compagnie*

Française est obligée elle-même d'abandonner cette ligne improductive.

3º L'établissement qu'a fait la Compagnie française d'un service entier sur la route de Paris à Lille, par Péronne et Arras, nous a pareillement forcés DE SUPPRIMER UN DEMI-SERVICE que nous avions sur cette route.

4º Enfin, nous avons ENCORE DÉMONTÉ UN DEMI-SERVICE de Paris à Moulins, que nous avions établi en 1838. (*Pièces justificatives, nº 7.*)

Quoi! la Compagnie Française nous expulse des routes; partout elle nous fait la guerre; partout elle nous poursuit, en surchargeant sans mesure les routes par ses services journaliers; puis ensuite elle vient nous accuser de complot tendant à opérer sa ruine! et il se trouve des juges qui accueillent une telle imputation !

La Compagnie Française prétend que nous avons établi de nouveaux services pour lui faire une concurrence exagérée. Cette assertion trouve place dans le jugement; et, toute vérification faite, on sera obligé de reconnaître que sur les routes parcourues par la Compagnie Française, nous avons supprimé ou réduit cinq services (y compris celui de Châlon), et que nous n'en avons établi aucun, car le demi-service de Metz à Strasbourg a été monté sur une ligne où la Compagnie française n'a PAS DE VOITURE (1)!

Ce n'est pas tout : on croira peut-être que, dans les suppressions

---

(1) On ne peut pas considérer non plus comme service nouveau l'établissement d'un demi-service pour remplir une lacune. Voici dans quelles circonstances le fait a eu lieu. Nous avions : 1º *un demi-service de Paris à Rennes par Alençon;* 2º *un demi-service de Paris à Alençon par Mamers;* 3º *un demi-service de Laval à Rennes.* Sans la lacune de vingt-deux lieues et demie qui existait entre *Alençon et Laval*, nous aurions donc eu un service journalier de *Paris à Rennes;* c'est cette lacune que nous avons remplie. Encore une fois, ce n'est pas là, à proprement parler, un service nouveau ; mais eût-il ce caractère, quelle proportion y aurait-il entre l'établissement d'un demi-service sur un parcours de vingt-deux lieues et demie, et la suppression de cinq services, dont les parcours réunis sont de 420 lieues environ. D'ailleurs, la Compagnie française, qui a monté un service entier de Paris à Rennes, est-elle admissible à nous reprocher d'avoir complété notre service sur cette ligne? Quelle est donc cette supré-

de service, nous avons agi de concert avec la Compagnie Royale.
Nullement; il ne reste pas même cette faible ressource pour justifier
la décision des premiers juges. Tandis que nous supprimions ou réduisions, comme on vient de le voir, nos services sur les cinq lignes,
de *Paris à Châlon*, de *Paris à Lyon par le Bourbonnais*, de *Paris
à Calais par Saint-Omer*, de *Paris à Lille par Péronne* et de *Paris
à Moulins*, la COMPAGNIE ROYALE MAINTENAIT les siens sur
trois de ces lignes. Il y a plus, elle établissait plusieurs services nouveaux, c'est un point sur lequel nous aurons occasion de revenir.

Ainsi, nous n'agissons *simultanément* avec cette compagnie, ni
pour la *création* ni pour la *suppression* des services;

Pour la *création*, car elle monte un service entier de Paris à
Bordeaux et plusieurs demi-services, et *nous n'en montons aucun;*

Pour la *suppression*, car elle maintient ses services sur trois lignes
où nous prenons le parti de supprimer ou de réduire les nôtres.

Voilà la coalition, l'intelligence coupable, les machinations our-
dies contre la Compagnie Française !

C'est donc sur des faits entièrement faux et controuvés; c'est contre l'évidence, contre une évidence matérielle et palpable que nous
avons été condamnés, que notre honneur a reçu une cruelle atteinte
et que notre patrimoine entier est menacé!!!

On parle d'AUGMENTATION de service là où il y a DIMINUTION;

De SIMULTANÉITÉ là où il Y A DIVERGENCE;

De *concurrence* établie par nous, là où notre rôle s'est borné à
RÉSISTER ou même a CONSISTÉ A CÉDER.

En terminant sur ce point, relevons l'aveugle imprudence de la
Compagnie Française qui monte des *services entiers* sur des lignes où

---

matie qu'elle s'arroge sans cesse en voulant nous interdire ce qu'elle fait elle-même?
Nous n'avons parlé de ce fait insignifiant que pour être en tout point d'une exactitude
parfaite.

Au surplus, l'établissement de ce demi-service a amené la séparation complète du
relayage des deux anciennes compagnies; car désormais nous avions un service journalier, et *le relayage pouvait s'effectuer isolément :* nouvelle preuve à l'appui de ce que
nous avons dit ci-dessus.

nous n'avions que des *demi-services* que nous avions peine à soutenir.

Il y a même deux traits peut-être plus caractéristiques encore : 1° on vient de voir que l'établissement par la Compagnie Française d'un service entier de Paris à Lyon par la Bourgogne nous avait forcés par sa concurrence à réduire à moitié notre service entre ces deux villes par le Bourbonnais. Eh bien ! que fait la Compagnie Française ? Dans ce moment même, elle monte un service entier de Paris à Lyon par le Bourbonnais. Ainsi, elle va se faire en quelque sorte concurrence à elle-même. Elle se figure qu'elle pourra soutenir un service journalier sur une ligne où nous avons été obligés de nous restreindre à un service alternatif. Et il faudra que nous payions toutes ces folies ! Et nous sommes des perfides et des coupables , flétris par la justice et passibles de dommages et intérêts à merci et miséricorde, parce que les chefs de la Compagnie Française , s'écartant de toutes les règles de la profession de messagiste, spéculent sur l'article 419 du Code pénal ?

2° Les deux anciennes Compagnies ont chacune sur la route de Rennes à Brest un demi-service. Elles ont été forcées de le monter, parce que les correspondances ne pouvaient se soutenir sur cette ligne improductive. Ces demi-services ont constamment donné des pertes. Maintenant combien ces pertes ne vont-elles pas s'aggraver ? Le 14 mars dernier, la Compagnie Française a monté de Rennes à Brest un service journalier. Ainsi voilà tout à coup, par le fait de nos adversaires, les services doublés sur une route où le nombre des voyageurs a toujours été insuffisant.

Qu'on le remarque bien, c'est au moment même où la Compagnie Française se présente devant les tribunaux comme épuisée par la concurrence qu'elle monte de nouveaux services sur des routes notoirement stériles.

Voilà donc la tactique de nos adversaires: spéculation sur le procès, spéculation sur les dommages et intérêts ! Que nous importent les pertes ? se disent-ils. D'autres les paieront.

SIXIÈME RAISON.

« *La subvention accordée en commun par les deux Compagnies à*
« *une entreprise (la Compagnie Destrilles, de Périgueux), afin de la*
« *soutenir et de l'indemniser dans la lutte contre les Messageries*
« *françaises est encore une preuve de la coalition et de la simulation*
« *de l'acte du 15 décembre 1836.* »

RÉPONSE.

Le fait relatif au sieur Destrilles est, dit-on, un de ceux qui ont produit le plus d'impression sur l'esprit des premiers juges ; et pourtant on va voir qu'il se réduit exactement à rien, ou pour mieux dire qu'il concourt à notre justification.

De tout temps, nous avons eu des voitures allant de Paris à Bordeaux par Angoulême, et d'autres voitures allant de Paris à Toulouse par Limoges et Tulle ; il en est de même des Messageries royales.

Ces services étaient alimentés en partie par une correspondance importante, et qui nous était commune avec la Compagnie Royale. Cette correspondance était celle des sieurs Gaillard frères et Pénicault. Elle se rattachait sur la ligne de Bordeaux au point d'Angoulême et sur la ligne de Toulouse au point de Limoges.

Gaillard frères et Pénicault faisaient avec leurs voitures :

1° Le service d'Angoulême à Périgueux ;

2° Celui de Limoges à Périgueux ;

3° Celui de Périgueux à Brives ;

4° Celui de Périgueux à Bordeaux par Libourne et Mucidan.

On voit que, au moyen de cette correspondance, notre organisation était complète dans cette partie de la France.

Nous pouvions assurer des places de Paris à Brives.

Nous pouvions en assurer de Paris à Périgueux, Libourne et Mucidan, tant par l'une que par l'autre route.

Un coup d'œil sur la carte rendra tout cela parfaitement clair. (V. *la carte aux Pièces justificatives*, no   .)

Les Messageries françaises s'établissent, et il nous arrive sur ces lignes ce qui nous est arrivé à Metz et à Dôle. LES MESSAGERIES FRANÇAISES NOUS ENLÈVENT LE SIEUR PÉNICAULT. Ce messagiste était notre directeur à Limoges : n'importe, il rompt avec nous, devient, ainsi que le sieur Gaillard, son associé, l'un des administrateurs des Messageries françaises , et transporte sa correspondance à ce nouvel établissement.

Nous voilà donc privés de tous moyens de communication entre Paris et Périgueux. Nous y aboutissions auparavant par deux lignes ; l'une et l'autre se trouvent coupées.

Pour renouer cette communication, nous nous adressons d'abord à un sieur Hazard-Caffin, qui nous promet de monter une correspondance d'Angoulême à Périgueux ; mais une intrigue du sieur Pénicault nous prive de cette ressource. D'abord il menace le sieur Hazard-Caffin de *lui faire manger beaucoup d'argent ;* puis il lui offre, à condition qu'il ne montera pas ce service, de lui abandonner une portion de la somme de 10,500 fr. que lui Pénicault reçoit de l'administration des postes pour le transport des dépêches d'Angoulême à Périgueux.

Alors nous prenons le parti de monter un service d'Angoulême à Périgueux. Les Messageries royales en font autant. Nous voilà donc rentrés en possession de la communication de Paris à Périgueux par Angoulême ; mais nous étions encore privés de la communication de Paris à Périgueux par Limoges.

Notre projet était de monter un service de Limoges à Périgueux, de même que nous en avions monté un d'Angoulême à Périgueux. Par ce moyen, nous aurions reconquis la deuxième ligne comme nous avions reconquis la première.

Les choses étaient dans cet état quand nous sommes entrés en pourparler avec MM. Destrilles et Lataille. Qu'étaient MM. Destrilles et Lataille ? Des messagistes qui depuis long-temps avaient une voiture de Périgueux à Bordeaux. Ils étaient donc les concurrens de MM. Gaillard et Pénicault, nos correspondans infidèles , qui, ainsi que nous l'avons déjà dit, desservaient la même ligne.—Il n'y avait entre ces deux entreprises qu'une seule différence, insignifiante relati- vement à la question actuelle; c'est que Destrilles et Lataille allaient de Périgueux à Bordeaux par Riberac et Libourne, tandis que MM. Gaillard et Pénicault y allaient par Mucidan et Libourne.

MM. Destrilles et Lataille nous dirent : nous deviendrons, si vous le voulez, vos correspondans, à condition que vous exécuterez le pro- jet que vous avez de monter un service de Limoges à Périgueux. Vous et nous y avons un égal intérêt, car, par ce moyen, nous aurons le parcours de Limoges à Bordeaux par Périgueux.

Nous adhérâmes à cette proposition ; les Messageries Royales fi- rent de même.

Assurément il n'y avait pas là de coalition, car nous ne faisions que rentrer en possession d'une voie de communication qui nous avait été enlevée par des moyens dont le degré de loyauté est facile à apprécier.

Nous nous trouvions donc liés avec MM. Destrilles et Lataille par un engagement, puisque nous nous étions obligés envers eux à monter un service de Limoges à Périgueux, et en attendant nous jouissions de leur correspondance, car nous avions d'Angoulême à Périgueux des voitures qui trouvaient dans cette dernière ville les provenances du sieur Destrilles de Bordeaux à Périgueux.

Notre promesse avait reçu un commencement d'exécution; nous avions fait des démarches pour organiser le relayage sur ce par- cours. Mais divers obstacles ayant retardé la réalisation de ce projet, M. Lataille se rendit à Paris pour réclamer une indem- nité. Il s'adressa d'abord aux Messageries Royales ; il les menaça de rompre la convention ci-dessus mentionnée , si on ne lui allouait pas un dédommagement. Il obtint de cette entreprise la promesse d'une indemnité de 600 fr. par mois. Il ne s'adressa à nous que lors- qu'il eut terminé avec les Messageries Royales. C'était agir habile- ment; car comment aurions-nous pu refuser (1); aussi fûmes-nous

____

(1) Il ne s'agissait pour nous que d'un demi-service, et l'on a démontré déjà la pres-

obligés de lui faire la même concession que la Compagnie Royale. La cause et la nature de cette concession ne sauraient être douteuses, car nous prîmes à ce sujet une délibération qui, ayant été inscrite sur nos registres à la date du 3 décembre 1837, porte un caractère d'authenticité incontestable. Elle était ainsi conçue :

« La première division des services est autorisée à faire payer à « MM. Lataille et Destrilles, entrepreneurs d'un service entre Péri-« gueux et Bordeaux, l'indemnité de 600 fr. par mois qui leur a été « promise à compter du 1er septembre dernier, en *attendant le demi-« service* que l'administration doit établir de Limoges à Périgueux, « pour être mis en correspondance avec le leur. Cette indemnité est « à leur faire payer du 1er septembre dernier au 31 décembre cou-« rant et devra être continuée jusqu'à l'établissement du demi-ser-« vice en question (1). »

Il n'y a donc aucun doute possible sur les causes de l'allocation; nous n'avons pas, comme l'a dit le tribunal de la Seine, stipendié MM. Destrilles et Lataille, afin qu'ils continuassent leur concurrence contre les Messageries françaises; nous leur avons payé une indemnité pour retard dans l'exécution d'un marché.

Mais bientôt MM. Destrilles et Lataille se sont placés dans une position telle que nous nous sommes trouvés dégagés de l'obligation de continuer à leur payer cette indemnité.

Le 29 mars 1838, ils ont souscrit avec les Messageries françaises UN TRAITÉ DE NON-CONCURRENCE qui ferait crier bien haut à la coalition s'il était notre ouvrage. (*Pièces justificatives*, n° 17.)

Ce traité contient les clauses suivantes ; les contractans disent :

1° Qu'il a pour objet « de mettre fin à la concurrence de prix qui « existe entre eux de Bordeaux à Périgueux et retour. »

2° Ils ajoutent que..... « Les deux administrations s'interdisent

---

que impossibilité pour une Compagnie d'en monter un elle seule. (Voir *pièces justifica-tives n° 19.*)

(1) Du reste, aucun acte synallagmatique n'a été fait entre nous et MM. Destrilles et Lataille.

« réciproquement d'augmenter leurs services établis aujourd'hui, ni
« de s'intéresser directement ni indirectement à pas un service sur
« tout ou partie des deux routes de Bordeaux à Périgueux. »

3ᵉ ILS FIXENT LE PRIX ET LE NOMBRE DES PLACES.

« Ainsi les trois places de coupé seront de 14 fr., les six places d'in-
« térieur de 12 fr., etc. »

Et ils s'interdisent de changer ces prix et de faire aux voyageurs
aucune concession à ce sujet. (*Pièces justificatives, n° 17.*)

Ainsi, voilà les Messageries françaises et la compagnie de M. Destrilles liées par un traité de *non-concurrence* analogue à celui que nous
avions fait en 1827 avec les Messageries royales et que nous avons
résilié en 1836. Nous disons analogue dans ses dispositions, car il
était, comme on va le voir, beaucoup moins irréprochable dans
l'intention qui avait présidé à sa confection.

Il est évident que ce traité de non-concurrence dégageait les Messageries Royales et nous de la convention de correspondance et de la
convention d'indemnité faites entre elles et la compagnie Destrilles ;
car, au moyen de la fixation de prix invariable de Périgueux à Bordeaux, la situation des deux grandes compagnies n'aurait pas été te-
nable. Supposons en effet que nous eussions monté, comme nous
l'avions promis, un service de Limoges à Périgueux, la Compagnie
Française, qui avait toute la ligne de Bordeaux à Limoges, aurait pu
fixer à un taux très bas les places de l'une de ces villes à l'autre ; par
exemple, les places de coupé à 15 fr. Que serait-il arrivé alors ? Que
la compagnie Destrilles, qui s'était engagée à ne pas baisser ses
prix, aurait prélevé 14 fr. pour le parcours de Bordeaux à Périgueux,
et qu'il ne nous serait plus resté que 1 fr. pour le parcours de Périgueux à Limoges, ce qui aurait été dérisoire (1). Nous étions donc
par là à la discrétion de la Compagnie Française. Cette compagnie,
en faisant avec les sieurs Destrilles et Lataille le traité du 29 mars,

---

(1) On sent que, toutes les fois qu'il y a correspondance entre deux entreprises, il
faut que le prix du voyage entier puisse se répartir entre elles dans la proportion de
la distance que chacune parcourt.

savait très bien qu'elle anéantissait tous nos projets de correspondance avec ceux-ci, puisque les tarifs qu'elle leur avait imposés
ne permettaient plus de marier leur service avec le nôtre. Nous
avons dû, par conséquent, considérer nos engagemens avec la compagnie Destrilles comme rompus.

Dès que nous avons eu connaissance des négociations qui ont pré-
cédé le traité du 29 mars 1838, nous avons cessé le paiement de
l'indemnité. La Compagnie Royale n'en a été instruite qu'un mois
plus tard, *tant il est certain que nous n'agissons pas de concert;* et
alors elle l'a pareillement cessé.

Il n'est donc pas vrai que nous ayons payé la Compagnie Destrilles
pour continuer une concurrence ; on sait, d'ailleurs, combien il eût
été puéril de notre part d'employer cette mesquine perfidie sur une
ligne d'une importance très secondaire. Enfin, si les deux anciennes
Compagnies se fussent imposé le sacrifice d'une subvention de concurrence envers les sieurs Destrilles et Lataille, elles auraient pris
des sûretés pour que ceux-ci continuassent leur lutte, sinon jusqu'à la
chute de la Compagnie Française, du moins pendant un temps déterminé. Cette précaution eût été d'autant plus indispensable que le
prétendu subside accordé à Destrilles et Lataille, rendant leur at-
titude plus formidable et ôtant à la Compagnie Française l'espoir de
les renverser, cette Compagnie devait mettre le plus grand empressement à s'arranger avec eux, ce qui a eu lieu en effet.

Tout concourt donc à détruire la supposition chimérique d'une
subvention de concurrence.

Cependant, qu'est-il arrivé ?

M. Destrilles est relayeur de la Compagnie Française et, par conséquent, son co-intéressé, puisque l'organisation de cette Compagnie
consiste à intéresser ses relayeurs. Il a imaginé de travestir en roman
l'histoire toute simple que nous venons de raconter, et de prétendre
que les 600 francs que nous lui payions par mois étaient un subside de concurrence.

Les sieurs Pénicault et Gaillard, nos anciens correspondans, nous
ont intenté, ainsi qu'aux Messageries royales, un procès en coalition

devant le tribunal de Périgueux. Ils ont prétendu que cette coalition existait quant à la ligne d'Angoulême à Périgueux et aux lignes adjacentes ; et, entre autres faits, ils ont allégué que nous avions soudoyé la compagnie Destrilles, pour continuer la concurrence contre eux.

Le sieur Destrilles a déposé dans ce sens.

Mais le sieur Lataille, son associé, a déclaré la vérité ; et il la connaissait mieux que personne, puisque c'était avec lui qu'*avait été faite la convention verbale d'indemnité.*

Le tribunal de Périgueux avait, d'ailleurs, ces notions de localité qui sont toujours précieuses en pareille occurrence.

Aussi ne s'y est-il pas mépris ; et, en renvoyant de la plainte les deux Compagnies inculpées, il s'est exprimé ainsi sur le fait relatif aux sieurs Destrilles et Lataille.

« Attendu, *quant* à la *prétendue subvention fournie par les deux* « *dites administrations à l'entreprise Destrilles et Lataille, que de* « *l'information, il résulte que les sommes payées à cette Com-* « *pagnie n'étaient qu'une juste indemnité d'une correspondance pro-* « *mise et non montée.* »

Mais c'est ici que va éclater l'habileté judiciaire de nos adversaires ; ils intentent le procès de Paris ; ils appellent des témoins ; et, parmi ces témoins, ils ont soin de faire un choix. Ils citent le sieur Destrilles et ne citent pas le sieur Lataille.

Le sieur Destrilles reproduit sa version.

Le sieur Lataille l'apprend : il en est indigné ; et il nous envoie un certificat daté du 16 février 1839, qui a été lu le 21 à l'audience du tribunal correctionnel. Ce certificat commence par exposer avec étendue les faits que nous avons racontés ci-dessus ; puis il se termine ainsi :

« Je répète d'ailleurs ici ce que j'ai dit à Périgueux, que la somme « mensuelle que chaque Compagnie nous donnait, était réellement « pour *nous indemniser* des dommages que le défaut de correspon « dance nous faisait éprouver, et *non point à titre de subvention,* pour « nous faire *prolonger la lutte depuis long-temps engagée avec*

(53)

« *MM. Pénicault et Gaillard,* et plus tard avec la Compagnie fran-
« çaise, dans le parcours de Périgueux à Bordeaux ; lutte par suite
« de laquelle cette dernière entreprise mangea, ainsi que nous,
« beaucoup d'argent, puisque l'on prenait les voyageurs *à tout*
« *prix.* »

Il était donc démontré jusqu'à l'évidence que le sieur Destrilles,
témoin intéressé, avait débité une fable. La preuve en résultait,
1° de la concordance existant entre nos registres et le témoignage
de M. Lataille; 2° de l'absurdité même de l'imputation dirigée
contre nous.

Et pourtant le tribunal de la Seine a considéré cette imputation
comme vraie !

Ainsi voilà encore un fait controuvé pour lequel nous avons été
condamnés !

Mais il était réservé au sieur Destrilles, comme à ceux qui ont invoqué son témoignage, de recevoir un démenti plus éclatant, et à
nous, une réhabilitation complète. Le tribunal d'appel d'Angoulême
auquel l'examen de ce grief, si puissant pour le tribunal de Paris, a
été de nouveau déféré, a rendu un jugement remarquable dont voici
l'un des considérans :

*Attendu, quant à l'indemnité de 600 fr., payée pendant quelques
mois aux sieurs Lataille et Destrilles, qu'il est résulté des débats
et des explications fournies, que cette indemnité n'a pas été donnée
à titre de* SUBVENTION *pour les soutenir dans la concurrence qu'ils
faisaient à la Compagnie Pénicault, mais bien à titre de dédommagement, pour un service qui devait être monté de Périgueux à Limoges, lequel service devait correspondre avec celui de Destrilles et
Lataille, déjà établi de Périgueux à Bordeaux. Attendu qu'il résulte également des explications fournies, que cette indemnité de
600 fr. par mois a été acquittée par la Compagnie Laffitte depuis le
1er septembre 1837 jusqu'au 28 février 1838, tandis qu'elle a été
payée par la Compagnie Royale jusqu'au 1er avril de la même année,
ce qui exclut l'idée de tout concert entre les deux Compagnies pour
cet objet.*

Nous avons donné une assez grande étendue à nos explications sur l'affaire Destrilles, non seulement afin d'effacer le grief que l'on en tire, mais encore afin de donner une idée du savoir-faire qui , chez nos rivaux, supplée à la bonne foi commerciale. On a vu comment ils étaient parvenus à entraver les efforts que nous faisions pour renouer nos correspondances, tantôt en intimidant le sieur Hazard-Caffin pour l'amener à rompre avec nous, tantôt en lui offrant des avantages , tantôt en signant, avec la Compagnie Destrilles , un traité de non concurrence, qui, d'après le système adverse, serait bien une coalition, puisqu'il avait été conçu dans le but de rendre impraticable la convention de correspondance conclue entre nous et cette Compagnie. Que ce soient là des ruses de guerre permises, nous l'accorderons si l'on veut; mais, quand on les emploie, il ne faut pas se poser en victime, se retrancher, pour le besoin de sa cause, derrière les rigueurs de la plus austère morale, et appeler des condamnations sur la tête d'adversaires qui, certes, n'ont jamais été aussi loin dans la carrière de la concurrence et de l'hostilité.

SEPTIÈME RAISON.

« *La coalition est encore prouvée par les compositions avec le commerce.* »

Il y a deux sortes de *compositions* :

Les *compositions* pour le prix des places, dont nous dirons quelques mots plus bas;

Et les *compositions* pour le transport des marchandises, que le jugement désigne sous le nom de *compositions avec le commerce,* et sur lesquelles nous avons à nous expliquer ici.

Ces compositions sont des transactions sur le prix des transports, que les entreprises de messageries font avec certaines maisons importantes.

Elles s'effectuent plus facilement que les compositions sur le prix des places, parce que l'on ne déclare pas à la régie le prix des transports, tandis qu'on lui déclare celui des places

Maintenant il y a deux points à examiner :

1° Depuis l'établissement des Messageries françaises avons-nous baissé le prix du transport des marchandises, soit d'une manière générale, soit par des compositions particulières ?

2° Quand nous l'aurions baissé, pourrait-on en conclure qu'il y a coalition entre nous et les Messageries Royales ?

Ces deux questions doivent être résolues négativement.

Quant à la première, nous mettons nos adversaires au défi de prouver qu'il y ait eu une baisse *appréciable* et qui puisse être prise en considération.

Nous desservons onze lignes avec la Compagnie Française.

Il y en a neuf sur lesquelles nos prix sont restés invariables.

Ils n'ont fléchi que sur les deux autres lignes, qui sont celle de Lyon et celle de Metz.

Mais, à l'égard de Lyon, il y avait une raison décisive de réduction. Nous avions monté un service par fourgons. Ce mode de transport n'est assujéti ni au droit du dixième, puisque l'on ne conduit pas de voyageurs par fourgons, ni au droit de 25 centimes par cheval. Il est donc beaucoup plus économique, et par conséquent nous avons pu et dû baisser nos tarifs.

Ainsi, SUR ONZE ROUTES, que dessert la Compagnie Française, il reste celle de Metz qui présente une réduction sur le transport de la marchandise ; mais quel en est le chiffre ? 16 p. o/o environ. Répartissez les 16 p. o/o sur la totalité de nos services, et vous ne trouverez pas 1 et 1/2 p. o/o. Et pourtant les premiers juges nous ont condamnés comme ayant effectué une baisse de 40 p. o/o ! L'erreur judiciaire peut-elle aller au delà ?

Quant aux compositions avec le commerce, elles n'ont pas non plus varié très-sensiblement ; et d'ailleurs quelle en est l'importance relative ? Sur une somme de 3,000,000 fr. environ à laquelle s'élèvent annuellement nos transports, ceux qui se font à prix réduit n'ont pas dépassé 50,000 fr., c'est-à-dire environ le soixantième du total.

Actuellement arrivons à la seconde question. Jetons-nous dans les

hypothèses, supposons que nous ayons fait des compositions à très
bas prix et pour des sommes considérables ; est-ce qu'il pourrait en
résulter le moindre indice de coalition ?

Lorsqu'il y a plusieurs établissemens de diligence en concurrence,
est-il défendu à un ou plusieurs de ces établissemens d'offrir à une
maison de commerce des compositions plus avantageuses que les autres, pour obtenir la préférence? Quel serait l'homme assez absurde
pour répondre affirmativement? Quoi! on établit en droit que le louage
du transport est une *marchandise*, et on ne veut pas que les détenteurs de cette *marchandise* puissent, par suite de la concurrence, en
baisser le prix, sans être accusés de coalition! Raisonner ainsi c'est
oublier tous les principes relatifs à la liberté du commerce; c'est
perdre complétement de vue l'intérêt du public qui profite de cette
baisse. Les coalitions sont punies par le Code pénal, précisément
parce que elles tendent à nuire aux consommateurs, en tenant d'une
manière factice les marchandises ou denrées à un taux trop élevé; et
le tribunal de la Seine nous punit, au contraire, parce que nous faisons, dit-il, des *compositions* qui sont avantageuses au commerce et
qui sont le résultat inévitable de la concurrence.

Est-ce que, par hasard, les Messageries françaises ne font pas de
compositions ?

Elles en font comme nous; et, *dès leur début*, ce sont elles qui
ont pris l'initiative de l'abaissement du prix de ces compositions.

Parmi beaucoup d'autres, la lettre suivante, adressée par elles à
l'un de leurs agens, ne laissera aucun doute à cet égard.

Paris 10 juillet 1837.

« M. Mouton, inspecteur à Dunkerque ,

« Nous approuvons le prix de composition que vous avez fait avec
« M. Crépieux. Nous vous engageons à faire tous vos efforts pour
« procurer à l'administration une BONNE CLIENTÈLE. Voyez à
« *Lille, Arras, Saint-Omer, Calais, Dunkerque,* etc , etc., tous les

(57)

« banquiers, et obtenez des transports de fonds; *nous sommes dis-*
« *posés à faire telles* COMPOSITIONS *qu'il sera nécessaire pour obtenir*
« *la* PRÉFÉRENCE. »

Les administrateurs,

Signé : LEFER, PÉNICAULT. (*Pièces justificatives n°* 11).

Quoi! il sera permis à la Compagnie Française de faire des *compositions* en baisse *pour obtenir la* PRÉFÉRENCE, c'est-à-dire pour nous enlever notre clientèle; et nous n'aurons pas le droit d'en faire pour la conserver! l'attaque sera autorisée, et la défense sera interdite! Où en sommes-nous donc?

Nos compositions, dit la Compagnie Française, sont licites, parce que nous ne sommes coalisés avec personne; et les vôtres sont coupables, parce que vous êtes coalisés avec la Compagnie Royale.

Mais c'est toujours la même pétition de principe; et il nous suffit de répondre : prouvez donc avant tout l'existence de la coalition. Ne tombez pas sans cesse dans ce grossier paralogisme de citer, comme indice de la prétendue coalition, un fait qui ne suppose nullement une coalition, puisque vos opérations, à vous, qui certainement n'êtes pas coalisés, présentent ce fait tout autant que les nôtres; et enfin sortez de ce cercle vicieux, qui consiste à alléguer comme preuve de coalition un fait innocent et indifférent en lui-même, puis tout aussitôt à incriminer ce fait par la coalition.

Vainement diriez-vous que nos compositions se sont quelquefois faites aux mêmes prix que celles des Messageries royales? D'abord, dans la généralité des cas, les prix n'ont pas été identiques. Nous reviendrons sur ce point.

Mais quand le fait serait vrai, il ne prouverait rien. Le prix des services de cette nature tend toujours à se niveler plus ou moins.

Vous baissez les prix ; il faut que nous les baissions aussi, autrement vous obtiendriez cette *préférence* que vous recherchez avec tant d'avidité. Les Messageries royales baissent; nous sommes obligés de suivre le mouvement, et vous êtes dans la même nécessité. Cette

8

baisse presque simultanée, résultat inévitable de la concurrence, ne prouve pas plus le concert des messagistes que la hausse ou la baisse du prix des grains ne prouve le concert des cultivateurs.

En général, la Compagnie Française a pris partout l'initiative de la baisse du prix des marchandises; et elle l'a opérée, lorsque nous avons maintenu nos tarifs à l'ancien niveau. (*Pièces justificatives n° 11*).

HUITIÈME RAISON.

Le prix de guerre imposé aux maîtres de poste prouve encore la coalition.

RÉPONSE.

Parmi tant de motifs étranges, celui-là l'est peut-être encore à un plus haut degré que les autres.

Par *prix de guerre*, les premiers juges entendent une clause qui figure dans les traités faits en 1831, avec les maîtres de poste pour la conduite des voitures des deux grands établissemens. Cette clause consiste à réduire dans une certaine proportion les prix de conduite, *en cas de concurrence*. Il y a *concurrence* si un nouvel établissement occasionne une baisse *de 25 p. o/o et plus sur les prix des places*. (Voir l'art. 4 de ces traités.)

Remarquons, en passant, qu'il n'est pas exact de dire que ce soit nous qui ayons *imposé* aux maîtres de poste les traités dont il s'agit.

Ce furent au contraire eux qui nous firent la loi à cette époque. Le fait est constant, et les débats pourront au besoin l'établir. Il résulte d'ailleurs de la convention même, car on y voit :

1° Que le droit de 25 centimes par cheval se trouve compris dans le prix de conduite (article 2);

2° Et qu'il est convenu néanmoins que si ce droit de 25 c. vient à être supprimé ou centralisé, les traités ne subiront qu'une réduction représentant les 3/4 de ce droit (voir l'engagement additionnel au traité).

(59)

Il faut convenir que c'était là une clause exorbitante en faveur
des maîtres de poste et qu'elle prouve bien que c'était eux qui
avaient *imposé* le traité.

L'objet de leur union était, soit de fonder une entreprise de messageries, soit de traiter avec nous à des conditions très avantageuses
pour eux. (*Pièces justificatives n°* 15). C'est pour atteindre ce dernier but qu'ils avaient envoyé à Paris deux cents commissaires.

Les Messageries Royales et les Messageries Générales furent rédui-
tes à subir leur loi. Mais en compensation des sacrifices que firent les
deux Compagnies, elles demandèrent l'insertion, dans les traités, d'une
clause qui établissait une réduction de prix en cas de concurrence;
et elles dirent aux maîtres de poste : « Vous avez des projets d'établis-
« sement de messageries; vos circulaires les ont manifestés. Qui
« nous garantit qu'en traitant avec nous vous y avez renoncé? Vous
« pouvez former un établissement en concurrence avec le nôtre; si
« vous ne prenez pas directement part à cette entreprise, vous y
« prendrez part indirectement. Il nous faut une garantie sur ce
« point, et nous ne pouvons la trouver d'une manière efficace que dans
« une réduction, en cas de concurrence, des prix de relais que nous
« vous payons. » Les maîtres de poste comprirent la justesse de notre
observation, et admirent la clause proposée.

Telle est la véritable origine de la clause dont il s'agit, et nous
établirons le fait par témoins. Cette clause a eu pour but unique
d'empêcher nos relayeurs de former un établissement rival.

Mais quand les parties, en insérant cette clause dans les traités,
auraient eu en vue des concurrences entièrement étrangères aux
maîtres de poste, elle aurait été tout-à-fait irréprochable. En effet,
nous aurions pu dire aux maîtres de poste : si une voiture vient
s'établir à côté de la nôtre, et qu'elle fasse baisser les places de 25
p. o/o, nous subirons une perte; vous, au contraire, vous ferez un
bénéfice, car vous recevrez du nouvel établissement 25 centimes par
cheval. Il n'est pas équitable que les choses se passent ainsi. Vos prix
de conduite seront réduits de manière à former à peu près l'équivalent de ce droit de 25 c. que vous recevrez en plus. Vous ne ferez

donc ni gain ni perte ; et quant à nous la réduction du prix de conduite nous couvrira d'une portion du dommage que nous éprouverons.

De quoi donc se plaint la Compagnie Française ?

Nous insèrerions dans les traités que nous faisons aujourd'hui des clauses analogues, qu'elle n'aurait rien à dire, car ces clauses seraient aussi licites que rationnelles.

Il y a plus, la Compagnie Française, qui, en toutes choses, fait elle-même ce qu'elle nous reproche, a imaginé un système qui assujétit ses relayeurs à un rabais bien plus considérable en cas de concurrence. Ce système est celui de la participation des relayeurs. Comparez-le au nôtre, et vous verrez que la situation des relayeurs de la Compagnie Française est bien plus fàcheuse (1). (*Pièces justificatives n° 15*).

Mais les réflexions que nous venons de faire sont superflues, car les traités dans lesquels se trouve la clause du *prix de guerre* sont tous antérieurs à l'ACTE DU QUINZE DÉCEMBRE MIL HUIT CENT TRENTE-SIX et à la formation de la Compagnie Française.

Aucun des traités postérieurs à cette époque ne contient de clause de cette nature. Comment donc est-il possible que l'on argumente de cette clause pour prétendre que l'acte DU QUINZE DÉCEMBRE est simulé et que nous sommes en état de coalition contre la Compagnie Française ?

Quoi ! nous nous sommes coalisés en 1831 contre votre entreprise qui n'a été formée qu'en 1837 ! Mais en vérité nous oserions dire que c'est raisonner à la manière du loup de la fable.

Les traités de 1831 portaient que la réduction pour concurrence ne pourrait être réclamée par nous, que lorsqu'il s'agirait d'une

---

(1) Nos relayeurs éprouvaient un rabais de 1 fr. 60 c., en cas de diminution de 25 p. 0/0 dans la recette. Il suffit, au contraire, d'une diminution de 16,66 p. 0/0 dans les recettes de la Compagnie Française, pour que ses relayeurs éprouvent ce rabais de 1 fr. 60 c.; à 25 p. 0/0 de diminution dans les recettes, leur rabais est de 2 fr. 40 c. Enfin, si la diminution des recettes est très forte, il peut aller jusqu'à 5 fr. 60 c. , tandis que le maximum du rabais était pour nos relayeurs de 1 fr. 60 c.—Tous ces calculs seront justifiés.

concurrence entre les Messageries générales et les Messageries royales (art. 4). Une clause semblable se trouvait dans les traités des relais des Messageries royales. Il devait en être ainsi, puisqu'on était alors sous l'empire de la convention de non-concurrence du 12 juin 1827. Mais cette convention a été rompue le QUINZE DÉCEMBRE MIL HUIT CENT TRENTE-SIX; et depuis qu'elle est rompue, aucune clause de cette espèce n'a été insérée dans les traités de relais. Les relayeurs ne l'admettraient plus dans les traités à faire, puisqu'ils vont même jusqu'à soutenir que la rupture survenue entre les deux anciennes Compagnies l'a effacée des traités existans. M. Duclos a expliqué que l'union qui existait entre ces deux Compagnies à l'époque où les traités ont été souscrits avait pu seule déterminer les maîtres de poste à consentir à l'insertion de cette clause. Nous-mêmes n'avons plus de motifs pour tenter de vaincre sur ce point la résistance des maîtres de poste, puisque la raison déterminante qui, en 1831, nous avait portés à exiger que cette clause figurât dans les traités (raison que nous avons exposée ci-dessus), a cessé d'exister, les maîtres de poste n'ayant aujourd'hui ni la volonté ni la possibilité de former une entreprise générale, qui n'amènerait que des pertes. Les faits que nous venons d'expliquer se réunissent à tant d'autres pour prouver la sincérité de l'acte du 15 décembre ; et pourtant le Tribunal de la Seine ferme les yeux, il n'aperçoit pas une vérité si claire, et il considère ces anciennes clauses comme des preuves de la simulation d'un traité postérieur de cinq ans à leur création.

Nous accusera-t-on encore ici de n'avoir pas rompu les anciens traités?

Mais ,en droit, nous ne pouvions pas les anéantir sans le consentement de nos relayeurs. C'est un point jugé par Mᵉ Baroche, notre antagoniste.

En fait, nous avons négocié pour obtenir à l'amiable le plus de résiliations possible. Nous les avons achetées par de grands sacrifices. Nous l'avons déjà dit : il ne reste maintenant qu'un assez petit nombre d'anciens traités; il n'en existe guère que sur la route de Lyon par la Bourgogne. Les traités qui les ont remplacés ne con-

tiennent point de clause relative au prix de guerre. La Compagnie
Française a donc pù s'installer partout ailleurs, sans que cette clause
la blessât le moins du monde. Enfin, même à l'égard des anciens traités subsistans, qu'importe la clause du prix de guerre, s'il est vrai
comme le prétendent M. Duclos (1) et les autres relayeurs, que la
résiliation du traité de 1827 a virtuellement anéanti cette clause?

Voilà donc encore une pure chimère qui a servi de base à notre
condamnation.

NEUVIÈME ET DERNIÈRE RAISON.

« *La preuve de la coalition résulte encore de la simultanéité de la*
« *baisse (plus de 40 p. o|o) du prix des transports, soit des person-*
« *nes, soit des marchandises. Cette baisse exagérée ne saurait être*
« *considérée, dans les circonstances qui l'ont accompagnée, comme*
« *ayant été déterminée par la concurrence naturelle, loyale et libre du*
« *commerce.* »

RÉPONSE.

Commençons par relever ici une erreur grave dans le chiffre.
Baisse de plus de 40 p. o|o, dit-on ?

Non ; elle a été *terme moyen* de 27 fr. 84 c. p. o/o. Les calculs
seront mis sous les yeux de la Cour qui, nous l'espérons, voudra
bien les vérifier. Prenons 28 pour éviter la fraction. (*Pièces justificatives n° 12*).

Maintenant, examinons les deux reproches contenus dans cette partie du jugement, savoir : la *simultanéité* et l'*exagération* de la baisse.

1° *Simultanéité de la baisse.*

La simultanéité de la baisse ne saurait être ni une preuve ni un
indice de la coalition, car elle est le résultat de la nature des choses.

____

(1) Voir ci-dessus la déposition de M. Duclos.

Que plusieurs entreprises de diligence soient en état de coalition ou en état de rivalité, la baisse des places ne saurait s'opérer dans l'un de ces établissemens , sans qu'à l'instant même elle ait lieu dans l'autre.

La baisse est un fait notoire, un fait dont la publicité est d'autant plus inévitable que l'entreprise qui l'opère ne manque pas de l'annoncer pour attirer un plus grand nombre de voyageurs.

Il faut donc que les entreprises placées à côté de celle qui a donné le signal de la baisse suivent à l'instant même son mouvement. Autrement le public les abandonnerait , il donnerait la préférence à l'établissement qui aurait réduit ses prix, et les autres établissemens n'auraient que le trop plein de celui-là.

Les faits justifient pleinement ce que nous venons de dire.

Sur *huit* changemens de tarifs qui ont eu lieu, il y en a eu *deux* dans lesquels la Compagnie Française a baissé ses prix la veille du jour où les Messageries royales devaient baisser les leurs; *un* où elle les a baissés le même jour que la Compagnie Royale; *deux* où elle les a baissés le même jour que la Compagnie Générale, et *trois* où elle les a baissés dans un espace intermédiaire entre la baisse de la Compagnie Royale et celle de la Compagnie Générale. Nous produirons la preuve de ces diverses assertions ; elle est tirée de tableaux relevés à l'administration des contributions indirectes.

Il y a donc eu autant de *simultanéité* entre la Compagnie Française et les deux autres, qu'entre la Compagnie Royale et la Compagnie Générale, et cependant la Compagnie Française apparemment n'est pas coalisée avec ses adversaires. Donc la *simultanéité* de la baisse ne prouve rien (1).

La *simultanéité* de la hausse, si elle avait lieu, serait un peu plus

---

(1) Sur la route d'Angoulême à Périgueux, c'est la Compagnie Française ou M. Penicault, l'un de ses administrateurs, qui a constamment pris l'initiative de la baisse ; mais remarquons que là il y a eu un fait que nous pouvons appeler exceptionnel, c'est que jamais nous n'avons descendu tout-à-fait à son niveau. Ce fait est constaté par le jugement récemment rendu par le tribunal d'appel d'Angoulême. (*Pièces justificatives,* n° **20.**)

Si donc il y a eu baisse sur cette ligne, ce n'est pas à nous qu'il faut s'en prendre.

significative , sans avoir pourtant un caractère décisif. Si l'on est forcé de suivre le mouvement de baisse de son rival, on n'est pas forcé de suivre son mouvement de hausse. Souvent même il peut être sage et utile de ne pas imiter une hausse imprudemment opérée. La hausse n'est raisonnable que lorsqu'il y a surabondance de voyageurs. Si cette surabondance n'existe pas ou n'est pas suffisante, l'établissement qui hausse ses places fait un mauvais calcul. Les établissemens rivaux ont raison alors de rester dans un état d'immobilité, et il peut même arriver qu'en agissant ainsi, ils obligent l'entreprise qui avait fait une tentative de hausse à l'abandonner pour revenir à l'ancien prix.

Cela posé, si les conventions de 1827 subsistaient encore, la hausse ne pourrait avoir lieu de notre part et de la part de la Compagnie royale que *simultanément,* puisque l'uniformité des prix était l'une des bases de ce traité.

Mais si, au contraire, ces conventions sont réellement et sincèrement résiliées comme nous le déclarons hautement, la hausse peut être opérée par l'une de deux Compagnies sans l'être par l'autre.

Or, c'est précisément ce qui est arrivé.

Bornons-nous à un exemple.

Le premier septembre 1838, nous avons *haussé* nos prix sur les lignes de Tours, de Poitiers et de Lyon par le Bourbonnais. Nous n'avons opéré cette hausse que pour le départ de Paris, et non pour le retour.

Pendant trois mois et demi la Compagnie Royale est restée sur ces routes dans un *statu quo* parfait.

Ainsi là où la *simultanéité* n'était pas forcée par la nature des choses, il n'y en a pas eu.

Où est donc la *coalition ?*

En même temps que la Compagnie Royale et la Compagnie Générale étaient dans cet état de divergence, la Compagnie Française se plaçait dans une sorte de juste milieu. Elle imitait la Compagnie Royale sur les routes de Tours et de Poitiers, et la Compagnie Générale sur celle de Lyon seulement. Quant à cette dernière route, elle exerçait la hausse pour le retour comme pour l'aller; ainsi il y avait moins de distance entre notre manière d'agir et celle de la Compagnie Française qu'entre la nôtre et celle des Messageries royales.

Où est donc la *simultanéité ?*

Voilà l'argument de *simultanéité* réduit, nous le pensons, à sa juste valeur, c'est-à-dire exactement à rien. (*Pièces justificatives,* n° 7.)

Passons maintenant à la prétendue exagération de la baisse.

Exagération de la baisse.

Cette *exagération* serait réelle qu'elle ne prouverait pas la coalition; nous l'avons établi ci-dessus, nous n'y reviendrons pas.

Mais hâtons-nous d'ajouter qu'il n'y a pas d'*exagération.*

Une baisse de 28 p. o/o ne saurait être, en messagerie, considérée comme exagérée surtout lorsqu'elle est, comme dans la cause actuelle, le résultat évident d'une superfétation des services, aussi grande que celle qui a été produite par la création de la Compagnie Française; superfétation qui a été portée à ce point que nous avons été contraints de supprimer CINQ services sur les ONZE ROUTES qu'elle dessert. (*Pièces justificatives,* n° 7.)

Le prospectus de la Compagnie Française justifie complétement l'assertion qui précède.

En effet.

Premièrement, la moindre baisse qui y soit prévue, comme devant être le résultat de la concurrence, est DE TRENTE POUR CENT.

En second lieu, il y est dit expressément *que le* TERME MOYEN *des plus fortes baisses n'est jamais* ARRIVÉ A CINQUANTE POUR CENT (1).

---

(1) Au moment où l'on nous jugeait, deux faits remarquables de concurrence existaient.

1° Les prix des deux entreprises d'omnibus du Pecq tombaient de 5 sols à 1 sol; c'était donc 80 p. 0/0 de baisse;

2° Les prix des entreprises de voitures publiques de Paris à Amiens (route que nous ne desservons pas) tombaient, par l'effet de la concurrence, de 16 fr. à 6 fr., 63 p. 0/0 de baisse. (*Pièces justificatives,* n° 14.)

Comment donc oser soutenir qu'une baisse *de* 28 *p*. o/o soit exagérée ?

Mais, d'ailleurs, cette baisse, qui l'a produite ? L'imprudente
création d'un nombre énorme de services par la Compagnie Française.

Les consommations, (nous prenons ce mot dans le sens le plus
large), tendent de nos jours à s'accroître, mais d'une manière gra-
duelle et progressive. La production doit suivre la même marche.
Si elle va par soubresauts, par augmentations soudaines, elle inonde
le marché, et il en résulte une baisse désastreuse. C'est là le secret
de la plupart des crises commerciales, ou pour mieux dire ce n'est
pas un secret, car il n'y a pas de vérité plus connue.

Ce que nous venons de dire s'applique aux messageries peut-être
plus qu'à toute autre branche d'industrie. En effet, le manufacturier,
s'il a de la fortune ou du crédit, peut, en cas de baisse, conserver
pendant quelque temps ses produits, et attendre des circonstances
plus favorables ; mais le messagiste, si ses voitures vont à vide, est
forcé d'y remédier à l'instant même, parce que c'est pour lui une
perte irréparable. Lors donc que la création d'une entreprise rivale opère le vide chez lui, il n'a plus d'autre ressource que la baisse.
En effet, la baisse augmente le nombre des voyageurs. L'ouvrier et
le soldat, qui allaient à pied ou en patache, prennent les diligences
quand le prix est à leur portée (1).

Le messagiste attaqué par une concurrence parvient donc, en
baissant ses prix, soit à conserver une partie de ses bénéfices, soit à
aligner sa recette avec sa dépense, soit du moins à atténuer sa perte.

C'est là ce qui est arrivé lorsque les Messageries françaises se sont
établies.

Le prix des places a baissé ; et, comme la prudence nous com-
mandait de combiner tous les moyens possibles pour éviter des pertes, en même temps que nous suivions ou imprimions ce mouve-

---

(1) Par l'effet de la baisse des prix, sur le chemin de fer de Saint-Germain, le nombre
des voyageurs s'est accru de deux cinquièmes. C'est un fait public.

ment de baisse, nous réduisions le nombre de nos services. Par cette double mesure, nous évitions le vide, et ce plan nous a si bien réussi que nous avons GAGNÉ CENT SOIXANTE-QUATORZE MILLE FRANCS sur les routes même où nous étions en concurrence avec la Compagnie Française, tandis que cette Compagnie se plaint d'avoir PERDU SIX CENT TRENTE MILLE FRANCS.

Ce fait est de la plus haute importance; car il prouve que notre intention, en baissant nos prix, n'était pas de nous condamner à des pertes volontaires pour tuer un établissement rival, mais au contraire de nous préserver de toute perte, et que nous y sommes parvenus.

Si nous avions eu pour but d'organiser une concurrence meurtrière pour les Messageries françaises et onéreuse pour nous-mêmes, nous aurions augmenté ou du moins maintenu le nombre de nos services, en même temps que nous baissions nos prix. Or, nous les avons diminués. Nous avons donc procédé loyalement.

Si les services de la Compagnie Française s'étaient formés peu à peu sur les routes les plus fréquentées, les prix auraient pu se soutenir, car alors la production n'aurait fait que suivre le mouvement lentement ascendant de la consommation.

C'est ce qui a eu lieu lorsque nous avons créé notre établissement. Nous avons acheté successivement une grande partie de nos services.

Comme on l'a vu ci-dessus, nous avons dépensé, pour y parvenir, une somme de 1,600,000 fr. Il faut ajouter ici que nous avons mis DIX ANS à consommer cette œuvre de persévérance et de prudence, qu'il nous est permis d'appeler aussi une œuvre de conciliation et de moralité; et que la dernière acquisition que nous avons faite a eu lieu en 1837 (1).

Comment, au contraire, procède la Compagnie Française? Soudain elle lance sur toutes les routes un grand nombre de voitures. Elle fait plus; elle place, comme nous l'avons déjà dit, des services entiers sur des lignes où les deux autres Compagnies avaient peine à

---

(1) Pour les routes de Sédan, Reims et Soissons. Cette acquisition nous a coûté 90,000 fr., comme on le verra ci-après.

se soutenir avec des demi-services. Les besoins de la circulation et du commerce n'ont pas grandi au gré des folles espérances de la nouvelle Société. Il y a donc eu excès de moyens de transport et, par conséquent, baisse inévitable. Ce qu'il y a eu d'*exagéré*, puisque l'on veut employer ce mot, ce n'est pas la baisse, mais la création de services qui a produit cette baisse. Et maintenant cette création exagérée, à qui faut-il l'imputer ? Est-ce à nous qui, au lieu d'augmenter les nôtres, *les avons diminués*, ou à la Compagnie Française qui jette les siens sur toutes les routes avec une aveugle profusion ?

Nous avons discuté toutes les raisons sur lesquelles la sentence fonde la prétendue coalition, et nous osons dire qu'elles sont radicalement détruites. Il n'en reste rien, pas même un indice, un nuage, une ombre; rien, absolument rien.

L'existence de la prétendue coalition reste dénuée de toute espèce de preuve.

La prétendue simulation de l'acte du 15 décembre 1836 n'est qu'une pure allégation.

Nous pourrions nous arrêter là; car nous, inculpés, nous n'avons rien à prouver.

Cependant allons plus loin; résumons en peu de mots ceux des faits ci-dessus exposés qui établissent la sincérité de L'ACTE DU QUINZE DÉCEMBRE MIL HUIT CENT TRENTE-SIX, et ajoutons-y quelques détails.

D'abord comment avons-nous agi quand l'arrêt de la Cour de Cassation est venu interpréter l'article 419, autrement que nous ne l'avions fait ?

Nous avons consulté nos conseils, nous nous sommes soumis à leur décision; et l'ACTE DU QUINZE DÉCEMBRE MIL HUIT CENT TRENTE-SIX a été le résultat de notre déférence pour leur opinion. Quoi! au lieu de voir en nous des cliens dociles et de bonne foi, on veut y voir des comédiens rusés, trompant nos avocats, pour nous préparer les moyens de tromper plus tard nos juges! Qu'y a-t-il donc dans notre caractère personnel et dans notre vie passée, qui donne le droit à nos adversaires de nous imputer une telle duplicité?

Voilà l'acte souscrit : si cet acte n'est qu'un mensonge destiné à nous servir d'abri contre des poursuites judiciaires, il ne recevra aucune exécution, et les choses continueront à aller après comme elles allaient auparavant.

Voyons! le traité de non-concurrence de 1827 reposait sur deux bases principales que présentent tous les traités semblables :

L'égalité des services,

L'égalité des prix.

L'égalité des services a subsisté jusqu'au QUINZE DÉCEMBRE MIL HUIT CENT TRENTE-SIX; mais depuis elle a été complétement rompue.

Nous avons *supprimé* des services; la Compagnie Royale en a MONTÉ DIX-SEPT NOUVEAUX. On en trouve le détail, page 19 du mémoire qu'elle vient de publier pour le procès d'Angoulême.

Le traité de 1827 n'allouait à chaque compagnie, qu'un seul service sur Bordeaux par Angoulême; et maintenant la COMPAGNIE ROYALE EN A DEUX ;

Qu'un demi-service sur Nantes par Tours et un demi-service sur Nantes par le Mans; et elle a un SERVICE ENTIER sur chacune de ces routes;

Qu'un service entier de Rouen au Havre, et elle en A DEUX, etc., etc.

Nous bornons là nos citations pour abréger.

Cette Compagnie parcourt par jour *onze cent soixante-neuf lieues* de plus que nous. Ainsi nous voilà loin du traité de 1827. (*Pièces justificatives*, no 6 *et* 7.)

L'égalité des prix a été parfaite jusqu'en 1827. Elle ne l'est plus maintenant. On a vu ci-dessus que nous avions haussé nos prix à une époque où la Compagnie Royale était demeurée stationnaire. D'un autre côté, nous faisons des compositions; ce qui n'aurait pas été possible sous l'empire du traité de 1827. La Compagnie Royale vient d'imprimer, pages 26 et suivantes de son mémoire sur le procès d'Angoulême, diverses lettres de ses agens relatives à ce fait. Son directeur de Lille se plaint de ce qu'il y a *deux concurrences* (la nôtre et celle des Messageries françaises) *qui ne laissent jamais échapper aucun voyageur, à quelque prix que ce soit.*

Quant aux marchandises et à la finance, *nos compositions* sont souvent différentes de celles des Messageries royales. Nous avons une énorme liasse de correspondance qui l'atteste. Elle passera sous les yeux de la Cour. (*Pièces justificatives*, no 9.)

Il paraît que la Compagnie Royale, de son côté, en a autant. Dans son Mémoire sur le procès d'Angoulême, elle a publié plusieurs lettres qui en sont comme l'échantillon. On peut les voir pages 26, 27, 28 et 29 de ce Mémoire. Elles établissent que nous avons plus d'expéditions d'objets de commerce que les Messageries Royales, parce que nos compositions sont plus avantageuses. Le tribunal d'appel d'Angoulême a positivement établi ce fait.

Nous nous bornons à des indications sommaires et abrégées ; mais la justification résultant de la production des pièces sera aussi complète qu'étendue.

La différence du prix des compositions n'écarte-t-elle pas toute idée de concert et de simultanéité? Il n'y a pas d'indice plus palpable de rivalité et de concurrence. Quoi! il est prouvé que nous cherchons, par des compositions plus avantageuses, à attirer à nous les cliens des Messageries royales, c'est-à-dire que nous faisons envers elles ce que les Messageries Françaises font envers nous : et on veut que nous soyons coalisés avec les Messageries royales !

Le traité de non-concurrence voulait encore que les deux Compagnies *usassent de leurs moyens, pour amener leurs correspondans respectifs à se mettre d'accord ne prix pour le transport des voyageurs, de la marchandise et de la finance.....*; car, disait l'acte, *l'accord* entre les deux Compagnies serait *illusoire, si leurs correspondans se faisaient la concurrence.* (*Pièces justificatives*, nos 5 et 5 *bis.*)

Cette clause a été observée pendant l'existence du traité.

Mais, depuis, qu'est-il advenu? La lutte entre les deux Compagnies a amené la lutte entre la plupart de leurs correspondans.

Et pour nous, qu'avons-nous fait ?

Nous avons (ce sont les termes du jugement de Saint-Omer) *fait des traités avec d'autres compagnies, pour marcher en* CONCURRENCE AVEC LES MESSAGERIES ROYALES *sur les routes de Nantes, Sédan, le Havre, Dieppe et Rouen*, etc., etc. (*Pièces justificatives*, nᵒˢ 8 et 20.)

La conviction du tribunal de Saint-Omer sur ce point a été formée par des justifications de détail qui seront soumises à la Cour. (*Pièces justificatives*, nᵒ 8.)

Nous nous contenterons ici de citer, à titre d'exemple, ce qui s'est passé sur la route de Paris à Sédan.

MM. Aumont et Cᵉ possédaient le service entre ces deux villes. Nous le leur achetons 90,000 francs, sans voitures ; de plus, nous établissons avec cette compagnie un compte en participation du service qu'elle conservait sur Mézières, sur Reims, sur Laon et sur Sédan.

Nous paraissons sur la route : aussitôt les Messageries royales baissent les prix de 33 fr. à 22 fr., puis à 16 fr. 5o c., de Paris à Sédan ; sur Mézières, sur Reims, sur Laon, elles les réduisent dans les mêmes proportions. (*Pièces justificatives*, nᵒ 13.)

A la baisse, la Compagnie Royale ajoute l'organisation de nouveaux services ; elle n'avait point de service de Mézières à Reims, elle en monte un journalier, nous l'imitons ; elle n'avait (la Compagnie royale) qu'un demi-service sur Reims, elle le double ; elle n'avait point de service sur Soissons, elle en monte un demi ; enfin, elle n'avait qu'un demi-service sur Laon, elle le double. Elle a donc, à l'occasion de notre apparition, doublé les moyens de transport et diminué les prix de 33 fr. pour o/o d'abord, et de 5o à 6o pour o/o après ; puis de 27 pour o/o avec composition ; et finalement de 36 pour o/o, TERME MOYEN. (Voir les déclarations aux droits réunis.)

Maintenant que l'on veuille bien noter un point de la plus haute importance : *c'est que la Compagnie Française n'avait pas de voitures sur ces routes.* Ainsi, cette concurrence si vive, si énergique, cette concurrence qui a amené une telle baisse, se faisait exclusivement entre les Messageries Royales et nous.

Des faits semblables se sont passés sur les autres routes signalées dans le jugement de Saint-Omer (1). Les détails et les preuves en seront fournis à la Cour; ils dépasseraient les bornes de ce mémoire.

La rivalité qui existe entre nous et les Messageries royales a éclaté de plus en plus, lors de l'examen par la commission de la Chambre des députés du projet de loi relatif au Chemin de fer d'Orléans.

M. Lecomte, l'un des administrateurs des Messageries royales, était à la tête de la Compagnie qui sollicitait la concession. Nous exprimâmes vivement nos alarmes. Les administrateurs des Messageries françaises en firent autant. MM. Penicaut et Lefer comparurent devant la commission avec M. Marc Caillard l'un de nous. Ils tinrent le même langage que nous. Il est impossible que ce que nous dimes et fimes alors ne les ait pas convaincus eux-mêmes que tous liens entre les Messageries royales et nous étaient irrévocablement rompus. Dans l'écrit qu'ils distribuèrent à la Chambre ils se prévalurent du concert de nos réclamations avec les leurs; et M. Caillard, de son côté, disait :

« Toutes les Compagnies pour le chemin de fer, autres que la Compagnie *du sieur Lecomte* (2), n'ont pas hésité à offrir cette garantie « à toutes les industries qui l'ont réclamée d'elles. Elles ont adhéré « à notre juste prétention, PARCE QU'ELLES NE SONT ACTUEL-« LEMENT, et ne voulaient être plus tard, ENTREPRENEURS DE « MESSAGERIE au delà du chemin de fer qui leur serait concédé : « *Mais la Compagnie du sieur Lecomte refuse;* les Messageries royales « n'ont pas sollicité l'honneur de comparaître devant la commission; « *leur sécurité fait notre crainte, et doit fixer indubitablement votre* « *opinion.* »

---

(1) Par exemple, sur la route de Nantes, où nous nous sommes associés avec la compagnie Richard, dont l'entreprise était en état de concurrence très prononcée contre la Compagnie royale.(*Pièces justificatives*, n° 8 *et* 20.)

(2) Le sieur Lecomte est administrateur des Messageries royales.

C'était en effet un événement de la plus haute importance pour les trois grandes entreprises de messageries que la création de ce chemin de fer. Si M. Lecomte en obtenait la concession, sans que l'autorité législative établît des garanties en faveur des établissemens autres que celui auquel il appartenait, toutes les routes du Midi et de l'Ouest, c'est-à-dire trois mille lieues de parcours, se trouvaient irrévocablement fermées à ces établissemens. La lutte était donc engagée sur une question vitale; elle fut soutenue avec une grande énergie. Peut-il y avoir au monde une preuve plus incontestable de la réalité de notre concurrence avec la Compagnie Royale? (*Pièces justificatives, n° 10.*)

L'esprit d'hostilité de la Compagnie Royale contre nous s'est manifesté dans une multitude d'autres circonstances

Qu'on lise le prospectus relatif à un service qu'elle a monté sur Elbeuf, on y trouvera le cachet de ce sentiment. (*Pièces justificatives, n° 9.*)

Dans le procès contre MM. Dezeaux, Duroisel et Monnier, la Compagnie Royale faisait plaider par M° Paillet, son avocat, devant MM. Delangle, Horson et Baroche, composant le tribunal arbitral, que nous étions les instigateurs secrets de ce procès, et que nous cherchions en toute occasion à lui nuire.

Autrefois, la correspondance avec Berne se partageait également entre les Messageries Royales et nous. Par une convention faite le 17 décembre 1838 avec le canton de Berne, la Compagnie Royale nous a enlevé notre moitié.

AVANT L'ACTE DE DÉCEMBRE MIL HUIT CENT TRENTE-SIX, les deux Compagnies avaient des bureaux et des employés communs pour leurs demi-services. A partir de cet acte, les bureaux ont été séparés; les employés en ont été différens; les deux Compagnies sont entrées en lutte pour le choix de leurs agens comme pour tout le reste. Les anciens employés étaient connus du public, l'achalandage tenait jusqu'à un certain point à leur personne : c'était à qui les conserverait. (*Pièces justificatives, n°* 4 et 4 bis.)

Nous pourrions multiplier les preuves; mais il faut savoir se borner.

Ne sommes-nous pas, d'ailleurs, dispensés de plus amples déve
loppemens par le jugement d'appel d'Angoulême?

Il a décidé d'une manière nette, sous un point de vue général et
par des raisons positives, qu'il n'y avait pas coalition entre nous et
les Messageries royales, et que la résiliation du traité de 1827 était
sincère. (*Pièces justificatives, n*o 20.)

Est-ce que ce n'est pas là un point résolu sans retour? Est-ce que
le même fait peut être à la fois vrai et faux? Est-ce que nous pouvons
être innocens devant les juges d'Angoulême du délit de coalition, et
coupables devant les magistrats de Paris de ce même délit?

Maintenant nous terminons par une question.

Nos adversaires veulent que l'acte DU QUINZE DÉCEMBRE soit
simulé, et qu'en le signant nous ayons agi de mauvaise foi.

A la bonne heure; nous sommes des gens dont il faut, à tout prix
et contre toute évidence, accuser les intentions et calomnier la conduite.

Mais que, à notre place, et à la place des administrateurs des Messageries Royales, ils supposent deux compagnies qui auraient voulu
sincèrement rompre le traité de non-concurrence, rentrer dans l'état
de rivalité naturelle entre gens qui courent la même carrière, et s'abs-
tenir de tout concert contraire à la loi : qu'auraient-elles fait de plus
ou de moins que nous? En quoi leurs actes de toute nature auraient-
ils différé des nôtres?

Nous portons à nos antagonistes le défi le plus formel de répondre
à cette question d'une manière nette, précise et satisfaisante.

Ils seront toujours réduits à nous dire comme les premiers juges :

Pour n'être pas accusés de simulation et de coalition, ne baissez pas
vos prix, alors même que la création de nouveaux services pro-
duira le vide dans vos voitures. Abstenez-vous encore de le faire
quand la Compagnie Royale les baissera par suite de la concurrence d'une troisième compagnie; et ne faites pas de composition
avec le commerce, même quand les deux autres entreprises en feront;
c'est-à-dire perdez votre clientèle et ruinez-vous.

Rompez d'anciens traités avec vos relayeurs, même quand ceux-ci ne veulent pas consentir à une résiliation amiable ; et ne vous réunissez pas avec une autre compagnie pour conclure des marchés de relais en cas de demi-service, c'est-à-dire, faites l'impossible.

Qu'il survienne une quatrième compagnie ; que l'excès des services soit ainsi poussé au dernier degré, une baisse encore plus forte s'établira ; la Compagnie Française sera contrainte alors de faire tout ce que nous faisons, parce que la force des choses le veut ainsi ; et on pourra l'accuser de coalition avec nous, tout aussi justement qu'elle nous accuse de coalition avec la Compagnie Royale.

Si, pour remplacer des correspondans infidèles, elle monte des services ; si elle abandonne une ancienne route, pour prendre une route nouvelle plus courte et plus facile, on criera coalition ! coalition !

Si elle paie une indemnité à des correspondans pour inexécution d'un traité, on criera, subside et coalition !

Vainement prouvera-t-elle qu'en même temps qu'elle baissait ses prix, elle réduisait ses services, on n'en criera pas moins concurrence exagérée !

Son tort, comme le nôtre, sera d'être ; et son crime, de remplir, comme nous, les conditions indispensables de la vie et de la conservation.

Dans un tel système, toute entreprise nouvelle serait sûre de renverser les anciennes ; car elle aurait la faculté de les attaquer, comme bon lui semblerait, sans qu'il leur fût possible de se défendre par le même moyen ; et elle pourrait leur tenir cet insolent langage : Je suis libre, et vous ne l'êtes pas. Retirez-vous, faites-moi place, ou je vous traîne sur les bancs de la police correctionnelle.

Si de telles exigences et de telles attaques pouvaient recevoir la sanction de la Cour, l'industrie messagiste serait perdue à jamais ; et les établissemens anciens seraient à la merci des établissemens nouveaux. Un sentiment honorable, mais irréfléchi, a entraîné les premiers juges. Ils ont voulu protéger la liberté du commerce. Eh bien ! ils la tueraient avec l'arme même dont ils se servent pour la défendre.

Déjà les tribunaux de Saint-Omer, de Périgueux et d'Angoulême ont jugé que la prétendue coalition était une chimère. (*Pièces justificatives*, n° 20.)

L'autorité de la Cour mettra le sceau à la consécration de cette vérité.

Paris, le 1er mai 1839.

*Les Administrateurs
des Messageries Générales de France*

J.-B. LAFFITTE.

M. CAILLARD.

E. CAILLARD.

BOURLON.

Cl. ARNOUX.

F.-E. OUDET.

CHAUCHAT.